AF357002

LANFRANC

CONSEILLER POLITIQUE DE

GUILLAUME LE CONQUÉRANT

LANFRANC

MOINE BÉNÉDICTIN

CONSEILLER POLITIQUE

DE

GUILLAUME LE CONQUÉRANT

PAR

l'Abbé Élie LONGUEMARE

ANCIEN ÉLÈVE DE L'ÉCOLE PRATIQUE DES HAUTES ÉTUDES

CAEN

LOUIS JOUAN

ÉDITEUR

Libraire de la Société des Antiquaires
de Normandie

111, rue Saint-Pierre

PARIS

HONORÉ CHAMPION

ÉDITEUR

Librairie spéciale pour l'Histoire
de France

9, quai Voltaire

1902

INTRODUCTION

Lanfranc occupe une grande place dans 'l'Histoire religieuse et politique de la Normandie, dans l'Histoire de la Conquête de l'Angleterre. On ne lui a cependant consacré jusqu'ici que peu de travaux d'ensemble: encore a-t-on mis une sorte d'affectation à ne voir en ·lui qu'un professeur, théologien et philosophe (1). Or, sans nier l'influence considérable qu'il a exercée, au profit des études, dans toute l'Europe occidentale, on ne peut méconnaître que ce n'est point par ce côté qu'il se rattache le mieux à l'Histoire générale.

Saint Anselme, il est vrai, fut son disciple et même son successeur; mais le disciple, vraisemblablement, surpassa le maître. Il ne nous

(1) A. Charma, professeur de philosophie à Caen: Les Philosophes normands. Paris, 1856. — M. Crozals, dans : Lanfranc, Paris, 1877, étudie surtout l'administration ecclésiastique de Lanfranc, et nous semble négliger le côté politique. Il étudie plutôt l'homme d'église que l'homme politique.

reste de Lanfranc aucun ouvrage philosophique, et aucun témoignage ne nous autorise à croire que des ouvrages de ce genre aient été perdus. Sans doute, la philosophie et le droit tenaient une grande place dans les leçons de Lanfranc, mais ces leçons, nous ne les avons plus. Il conseillait les plus grands esprits du temps; les contemporains louent sa science juridique; Alexandre II s'honorait d'avoir été son élève, mais cet enseignement oral est perdu. Ce serait un procédé de mauvaise critique de prétendre le reconstituer sûrement avec les idées que professèrent plus tard ses élèves: quiconque a étudié cette époque sait avec quelle rapidité les sciences se perfectionnaient ou changeaient leur point de vue. Nous devons donc juger de la doctrine de Lanfranc par les ouvrages que nous avons encore, et ce sont des ouvrages d'exégèse, de théologie, de mystique et d'as-cétisme.

J'oserai dire que, même en tenant le plus grand compte des ouvrages authentiquement signalés comme perdus (et ce sont des ouvrages d'histoire), l'ensemble de ces écrits est loin de répondre à l'attente d'une si grande réputation. On n'y trouve point cette originalité puissante des idées dans la barbarie du langage, et ces ressources de la logique qui caractérisent les meilleurs esprits du temps.

C'est qu'en effet Lanfranc n'est pas un spéculatif, mais un administrateur, un politique, un « bâtisseur » d'églises, d'abbayes et d'hospices. C'est sur la scène de l'Histoire que le conseiller, presque le ministre de Guillaume le Conquérant, joue un des plus grands rôles qui soit. Auprès des peuples jeunes, dans la formation des nouvelles nationalités, l'Église a toujours été représentée par un évêque illustre. Auprès des Normands, envahisseurs de l'Angleterre, Lanfranc est cet évêque. Sur le siège primatial de Canterbury, son influence religieuse et politique est immense. Les appréciations peuvent différer sur son rôle, et il n'est pas toujours facile de choisir entre les panégyriques des écrivains normands et les invectives des écrivains saxons. Mais on reconnaîtra que Lanfranc personnifie la conquête, sous l'un de ses aspects les plus curieux, et l'expropriation de la race vaincue.

Si l'on veut bien comprendre quel intérêt s'attache à étudier dans ce sens la vie de Lanfranc, qu'on se reporte à l'histoire de la Conquête de l'Angleterre: on y verra que les défenseurs les plus acharnés de l'indépendance furent les évêques saxons, et que, d'autre part, les Normands s'établirent solidement beaucoup plus par l'influence des dignitaires ecclésiastiques, qui leur furent dévoués, que par les batailles et l'expropriation territoriale.

C'est peut-être sous cet aspect qu'Augustin Thierry semblerait avoir plus particulièrement envisagé la conquête. Il est seulement regrettable qu'il ait subordonné à quelques préjugés de sa jeunesse et de son âge mûr sa haute valeur d'historien, et fait très souvent, non pas même œuvre de mauvaise critique, mais de parti. La nouvelle école historique a pu passer au crible toutes ses idées, et en a peut-être plus réfuté que ratifié (1). Dans l'examen des affaires ecclésiastiques, nous nous heurterons plus d'une fois à son nom, et si le prestige d'Augustin Thierry rend ce rôle ingrat, c'est assez peut-être que la vérité le rende utile.

Nous avons donc pensé que Lanfranc personnifiait une époque de l'Histoire de l'Église, et même tout le XIe siècle encore si mal connu :

(1) Cf. Introduction aux Études historiques, par Ch. Langlois et Ch. Seignobos, 2e édit. Paris, 1899, notamment : pages 115, 224, 230, 262.

dans les universités d'Italie et dans l'abbaye du Bec, comme dans les conseils de Guillaume le Conquérant et sur le siège de Canterbury. L'Europe échappe aux épouvantes de l'an mille. Aux sentiments rudes et confus de la féodalité primitive, elle mêle de puissantes aspirations vers l'ordre et « la douceur de vivre ». Certainement, le XIe siècle ressemble plus à la barbarie qu'au siècle de la chevalerie, si « courtoisement » et si gracieusement épanouie sous le règne de saint Louis. On éprouve pourtant un puissant intérêt à démêler, jusque parfois dans les minimes détails des documents, tous ces éléments violemment heurtés. Cet intérêt redouble à étudier un personnage d'église. La distinction du temporel et du spirituel n'est pas encore posée juridiquement : avec ses évêques batailleurs, organisateurs un peu rudes et remueurs de masses populaires ; avec ses grands ordres de moines laboureurs et bâtisseurs, ses abbés suzerains, ministres et conseillers des rois ; avec ses papes politiques, comme avec ses savants, ses mystiques, ses logiciens et ses ascètes au fond des cloîtres, l'Église du XIe siècle représente toute la société ; elle en reproduit tous les éléments : du puissant seigneur féodal au plus pauvre manant, qui donc lui est étranger? Elle concentre toutes les énergies: elle peut, dans le même cloître et sous la même règle, donner asile à qui a conduit la charrue, comme au fils des rois. Toute manifestation sociale, elle l'épie et la marque, au début, de son empreinte. C'est vraiment le siècle où elle remue toutes choses: les assises de l'Europe pour réédifier les royaumes, comme les entrailles du sol pour y enfoncer ses basiliques. Aussi n'est-elle jamais prise au dépourvu; elle peut, en toutes circonstances, tirer de ses monastères l'homme de la situation. Cet homme agira au nom de l'Église, il sera l'Église en action, et son individualité, si vigoureuse soit-elle, ne sera que la moitié de sa force.

Aussi comprendra-t-on qu'il ne faille pas, jugeant Lanfranc à notre point de vue moderne, s'attendre à trouver en lui un administrateur prudent, aussi soucieux de ne pas empiéter sur le domaine voisin, que de tirer bon parti du sien propre. Au contraire, constamment il envahit, il pousse à droite et à gauche, avec des absences de certains de nos scrupules, et des ruses et des expédients qui peuvent étonner nos sentiments plus délicats ou plus affadis.

Mais, c'est précisément cette âpreté des conquêtes politiques et morales et cette utilisation
absolue des individualités qui font la poésie
du XIe siècle. L'épopée est partout, mais elle
est moins dans les romans du Roland ou de la
Table Ronde, que dans l'activité populaire
débordée, au nord et au midi de la France,
que dans les galères normandes qui cinglent
vers l'Angleterre, que dans ce souffle puissant,
précurseur des Croisades, qui soulève l'Europe,
que dans l'ordre de Saint-Benoît avec ses 400
abbayes ou prieurés. Et peut-être enfin que,
pour notre époque, la meilleure apologie de
l'Église et des institutions monacales consiste
à montrer quel fut leur rôle : surtout quand ce
rôle enlève en plein relief, au milieu des éléments les plus complexes, une figure comme
celle du moine et de l'archevêque Lanfranc.

N.-B. — Si, le plus souvent, nous ne donnerons
aucun titre à Lanfranc, le lecteur doit cependant être
averti qu'il a, sur le catalogue des saints, le titre de
Bienheureux. La confusion est d'ailleurs assez grande,
parce qu'il n'y avait pas, à cette époque, de procès de
canonisation, dans la forme actuelle. C'est ainsi que,

constamment. Guillaume de Poitiers (1), Osbern, moine du Bec (2), Michael Alford (3), César Baronius (4), lui donnent le titre de « saint », et dans l'appendice ou Martyrologe romain, nous lisons: « Kantuariæ, in Anglia, sancti Lanfranci episcopi (5) »: mais dans le Martyrologe de l'ordre de Saint-Benoît: « Beati Lanfranci...»

(1) Guill. de Poitiers, p. 198.
(2) Lettre à Anselme. Epist. Anselmi III, 5.
(3) An. Eccles. Anglic., ad ann. 1070 et 1089.
(4) Annal. Ecclesiast. II, ad an. 1070.
(5) Catalogus generalis sanctorum Urbano VIII°, ad V^{um} Nonas Julii.

BIBLIOGRAPHIE

1. Dom Lucas d'Achery : **a)** *Beati Lanfranci Cantuariensis episcopi et Angliæ primatis, ordinis sancti Benedicti, opera omnia quæ reperiri potuerunt.* Lutetiæ Parisiorum, in-fol., 1648.

   On trouve dans ce volume : les œuvres de Lanfranc; sa vie, par Milon Crespin, chantre du Bec; la vie d'Herluin, fondateur du Bec, par Gilbert Crespin; une Chronique de l'abbaye du Bec jusqu'en 1467... etc.

   b) *Spicilegium sive collectio aliquot scriptorum qui in Galliæ bibliothecis delituerunt :* Nova editio per Ludovic-Franc-Joseph de la Barre. Parisiis, 3 vol. in-fol.

2. J. Mabillon : *Acta Sanctorum ordinis sancti Benedicti.* Paris. 1688, VI^{um} sæcul., II^a pars.

3. *Pouillé général* (1) *des abbayes de France et bénéfices qui en dépendent.* Paris, 1626, in-8°. Y ajouter : *Pouillé général de Rouen, Avranches, Bayeux, Coutances, Évreux, Lisieux et Séez,* in-4°. Paris, 1648.

___

(1) A la biblioth. de Rouen se trouve un Pouillé du diocèse de Rouen, rapporté à l'épiscopat de Raoul Roussel (1442-1452), manuscrit latin, in-fol.

4. Orderic Vital (1) : *Historiæ Ecclesiasticæ libri tredecim*, Auguste le Prévost. Paris, 1840.

5. Guillaume de Malmesbury : *De Gestis regum Angliæ, libri V; De Gestis pontificum Angliæ, libri IV*. Dans la Collection Henry Saville: *Rerum Anglicarum scriptores post Bedam præcipui*.

6. Eadmer, monachus Uticensis : *Historiæ novorum*, de 1066 à 1122. Édition Selden, Paris, 1623. Il est aussi l'auteur d'une vie de saint Anselme publiée dans l'édition des œuvres de saint Anselme (Dom Gerberon, in-fol., Paris, 1675) et que nous avons eu à consulter quelquefois.

7. Guillaume de Jumièges (2) : *Historiæ Normannorum, libri VIII;* il y en a une traduction au tome XXIX de la Collection Guizot, et un texte, des plus défectueux, dans la Collection Duchesne.

8. A. Duchesne : *Historiæ Normannorum scriptores antiqui*, de 838 à 1220, in-fol., Paris, 1619, qui renferme, outre Orderic Vital, Guillaume de Jumièges: les Gestes de Guillaume, duc de Normandie et roi d'Angleterre, par Guillaume de

----

(1) Sur sa véracité : « De Orderico Vitali », par Tessier. Paris, Thorin, 1872 (thèse).

(2) Il est admis que : lib. VI, chap. IX, a été ajouté par un moine du Bec. A la bibliothèque de Rouen, il y a un magnifique manuscrit de Guillaume de Jumièges (in-fol., XII° siècle): il provient de l'abbaye de Saint-Ouen, qui le tenait de l'abbaye de Saint-Évroul.

Poitiers, et une Chronique d'un moine de Saint-Étienne de Caen (903-1293), etc., etc.

9. J.-A. GILES : **a)** *Scriptores rerum gestarum Willelmi Conquistoris XVI*, recensuit J.-A. Giles, dans la Grande Collection, en 41 vol. in-8° (Londini, 1838-1856), intitulée : *Historici Scriptores de rebus Britannicis, præcipue de rebus Anglicis, et testes magna ex parte oculati...*

b) *Anecdota Bedæ et Lanfranci* recensuit J.-A. Giles, même collection.

c) *Lanfranci Beati omnia quæ extant*, edidit J.-A. Giles. Oxonii. 1844-1845. 2 in-fol.

10. Roger DE HOVEDEN's : *Annals of English history, from A. D. 732 to A. D. 1201*, translated from the latin by H-T. Ruley.

11. Alford MICHAEL : *Annales ecclesiastici et civiles Britannorum, Saxonum, Anglorum*. Leodii, 1643, 4 in-fol.

12. Mathew PARIS, moine de Saint-Alban : **a)** *Historia major*, édition Guillaume Wats. Londres, in-fol., 1640. Le même ouvrage avec traduction française, par Huillard-Bréholles, et une préface du duc de Luynes. Paris, 1840-1841, 9 vol.

b) *Flores historiarum ab exordio mundi usque ad annum 1307 et Chronicon ex Chronicis a Florentio Wigorniensi.* Francfort, 1601, in-fol.

13. Gulielmus THORN, Cantuariensis, dans la Collection : *Sir Roger Twysden, Historiæ Anglicanæ scriptores X.* Londinii, 1652, 2 in-fol.

14. Sir William Dugdale : **a)** *Monasticon Anglicanum*, with large accession of materials by John Calley. 1817-1830; six tomes en 8 vol. in-fol.. 1 de figures.

   b) *An accurate description and history of the metropolitan and cathedral Churches of Canterbury and York, from their first fondation.* London. 1755. in-fol.

SUR DES POINTS SPÉCIAUX :

15. Paul de Farcy : *Sigillographie de la Normandie.* Caen, 1875.

16. *Domesday book seu Liber censualis Wilelmi primi, regis Angliæ, inter archivos regni in domo Capitulari Westmonasterii asservatus.* London, 1783-1816, 4 in-fol.

17. Ruprich-Robert : *L'Architecture normande aux XIe et XIIe siècles, en Normandie et en Angleterre.* Paris, s. d., 2 vol. gr. in-4°; le tome Ier renferme une bibliographie d'une rare richesse.

18. Antonio Gatto : *Gymnasii Ticinensii Historia.* Mediolani. 1661.

19. Stephanus Marinus : *Imagines Beccariæ Gentis,* editio Ticinensis MDIIC.

20. Peigné-Delacourt : *Tableau des abbayes et monastères d'hommes en France, en 1768.* Arras, 1885, avec de très curieuses cartes géographiques des grandes congrégations.

21. *Mémoires de la Société des Antiquaires de Nor-
    mandie.* Dans le volume des années 1827-1828,
    il y a une notice sur le Bec, d'Auguste LE PRÉ-
    VOST, qui n'offre rien de bien intéressant; mais
    dans le tome XII de la Collection, il y a la tra-
    duction, par Victor PILLET, de la version an-
    glaise : *The history of the royal obbey of Bec,
    near Rouen, in Normandy.* London, 1785
    (abrégé de Dom Bourget, dont l'original est
    perdu).

22. Ed. FRÈRE : *Catalogue des manuscrits de la bi-
    bliothèque de Rouen* (1874); *Manuel de biblio-
    graphie normande.* Rouen, 1856-1860.

23. RAVAISSON : *Rapports sur les bibliothèques des
    départements de l'ouest.* L'auteur y a inséré le
    catalogue des livres de la bibliothèque du Bec,
    d'après le *Tituli Librorum Beccensis Almarii,*
    (ms. XIIe siècle), bibl. d'Avranches.

24. *Cartulaire de Normandie* (ms. XIIIe siècle), à
    Rouen. Très important pour les chartes accor-
    dées aux églises et abbayes du ressort de Caen.

25. *Bibliotheca Bibliothecarum manuscriptorum
    nova,* de Dom Bernard DE MONTFAUCON, in-fol.
    Paris, 1739.

26. *143 chartes de l'abbaye du Bec, du XIIe au XVe
    siècle.* Biblioth. nationale, ms. latin 9211 (1).

---

(1) Y joindre un *Coutumier de l'abbaye du Bec ;* en tête de
ce coutumier se trouve un obituaire des abbés et de quelques
autres personnages. Ms. latin XIIIe siècle, n° 1208. L'obituaire

27. *Cartulaire de la Sainte-Trinité de Caen* (XIIIe siècle. ms. Bibl. nat. 5650).

28. DE LA RUE : *Essais historiques sur la ville de Caen*. Caen, 1820. 2 vol. in-8°.

29. Toussaint DU PLESSIS, bénédictin de Saint-Maur : *Description historique et géographique de la Haute-Normandie* (Vexin et Pays de Caux). Paris, 1740. 2 in-4°.

30. G. DEMAY : *Inventaire des Sceaux de la Normandie*. Paris, 1881.

31. Benoît DE SAINT-MAUR : *Chronique des ducs de Normandie*, publiée par Francisque Michel, en 3 vol. in-4°. 1836-1844 (Doc. inédits pour l'hist. de France).

32. William SOMMER : *The antiquities of Canterbury*. London, 1640.

33. *Veterum Epistolarum Hibernicarum sylloge, Jacobus Usserius, Armanchansis episcopus, recensuit*. Parisiis. MDCLXV.

n'est guère qu'un calendrier avec les dates de la mort de quelques abbés. Les fêtes de saint Anselme et de saint Lanfranc sont indiquées aux jours où elles sont encore célébrées. Le Coutumier nous renseigne sur l'ordre des offices religieux : les traits, versets, motets, chantés pour chaque fête, sont indiqués. L'écriture en est fort belle, les ors sont effacés, mais les bleus et les rouges des lettres initiales sont encore si vifs qu'ils semblent d'hier. Pour plus de détails sur ce manuscrit et sur les onze autres (non compris les chartes), provenant du Bec, et qui sont à la Bibliothèque nationale, nous renvoyons le lecteur à l'appendice I, placé à la fin de ce volume, et à l'appendice II, pour les manuscrits qui sont dans d'autres bibliothèques.

34. *Lettre de l'érudit bibliophile Émile Bigot* décrivant un voyage à l'abbaye du Bec (Bibl. nat.. ms. franç. 17683, fol. 224 et 225).
35. Léopold DELISLE : *Rouleaux des morts du IXe au XVe siècle,* recueillis et publiés pour la Société de l'Histoire de France. Paris, 1866.
36. *Monasticon Gallicanum,* du moine SAINT-GERMAIN, auxiliaire de d'Achery (Bibl. nat.. 11818, 11819, 11820, 11821, du fonds latin. ms. XVIIe siècle) (1).

Enfin, nous prions le lecteur désireux de renseignements bibliographiques plus détaillés de se reporter aux appendices que nous avons placés à la fin du volume, et dans lesquels nous indiquons tous les manuscrits concernant l'histoire du Bec et les manuscrits des œuvres de Lanfranc, qui se trouvent dans les bibliothèques de France, d'Angleterre et d'Allemagne.

______

(1) Notre Histoire de Lanfranc était terminée quand M. le chanoine Porée, le savant historiographe normand, a fait paraître son Histoire de l'abbaye du Bec (2 vol. in-8° de 664 et 676 pages, Évreux). Il semble avoir épuisé le sujet auquel se rapporte notre chapitre IIe. M. le chanoine Porée avait antérieurement fait paraître six autres ouvrages partiels sur la matière.

CHAPITRE PREMIER.

Lanfranc, depuis sa naissance, jusqu'a sa profession de moine bénédictin, a l'abbaye du Bec.

—

Sommaire. — Naissance de Lanfranc à Pavie; sa famille; ses études à Pavie et à Bologne; il professe le Droit à Bologne. — Bruit que font les Normands dans le monde. — Lanfranc quitte l'Italie, s'arrête à Paris, fonde une école à Avranches. — Comment se décide sa vocation.

Lanfranc, qui devait mourir archevêque-primat d'Angleterre, est né à Pavie, l'an 1003. Le premier évêque de Canterbury, saint Augustin, venait aussi de l'Italie; le successeur de Lanfranc, saint Anselme, était originaire d'Aoste, sur les confins de la Bourgogne et de la Lombardie. Au moyen âge les hommes s'illustrent le plus souvent dans un autre pays que celui de leur naissance, et toute la sève de l'Église afflue vers les peuples nouveaux, espoirs des civilisations futures.

Le père de Lanfranc était sénateur (1). Dès le Xe siècle, dans la Lombardie, et même dans le midi

(1) « Pater ejus de ordine illorum qui jura et leges civitatis asservabant. »

(Vita Lanfranc, a M. Cresp.).

de la France, où les institutions municipales de l'Empire romain avaient gardé toute leur force, la plupart des villes étaient constituées en « communes ». Les habitants des cités riches et bien peuplées s'arrachaient au joug des lois féodales qui pesaient surtout sur les campagnes; ils réclamaient à leurs seigneurs des garanties pour leurs biens et leurs personnes. Le sénat municipal, héritier des traditions de l'ancienne « curie » de l'Empire, recruté dans la bourgeoisie, veillait sur ces garanties, sans assumer les terribles responsabilités des décurions. La République de Pavie était une des plus prospères de la Haute-Italie; de grandes fortunes bourgeoises s'y étaient amassées par le commerce des soieries, des peaux et des étoffes de lin : la dignité sénatoriale y était enviée. Pour le prestige qu'elle conférait à ses magistrats, Pavie ne le cédait guère qu'à Venise, qui était déjà la ville des banquiers de toute l'Europe et qui entretenait des relations financières avec Byzance et le roi de France. Mais à l'encontre de Venise et de Gênes dont les intérêts étaient surtout maritimes, Pavie, comme Pise, Lucques et Bologne, allait bientôt s'absorber tout entière dans les querelles du XIIe et du XIIIe siècle et y laisser sombrer ses richesses et sa gloire.

Lanfranc perdit son père de bonne heure et devait lui succéder dans sa charge, mais il sentit s'éveiller en lui, avant la vocation qui devait le pousser au faîte des honneurs ecclésiastiques, celle du savant et du maître d'école.

Il était de l'illustre famille des Beccaria, célèbre dans la Haute-Italie pour sa munificence et ses goûts artistiques (1) ; mais aux loisirs que pouvait lui faire sa fortune patrimoniale (2), il préféra l'étude, s'y adonnant avec une ardeur et un succès que signalent (3) les chroniques.

On enseignait dans les écoles le « trivium », grammaire, dialectique et rhétorique; et le « quadrivium », arithmétique, musique, géométrie, astronomie. En y ajoutant les « Pages divines et théologiques », on était formé dans les sept arts libéraux (4), auxquels s'opposèrent les sept arts illibéraux ou mécaniques : chasse, guerre, agriculture, architecture, chirurgie, art des tisserands et des pilotes (5).

Ce programme répondait à la science du temps. Prétendre que l'instruction était alors bien répandue, ce serait un paradoxe que l'on a émis

(1) Imagines Beccariæ Gentis, p. 24, par Steph. Marinus.

(2) « ... non objecta et obscura progenie. » Malmesb. : de Pontif., I.

(3) Robert du Mont : Chroniques, ad an. 1042, de Lanfranco « in septem liberalibus disciplinis mirabiliter eruditus ».

(4) V. Beda : Elementa philosophica, IV. Ses œuvres ont été éditées à Cologne, 8 vol., 1688.

(5) La Mothe le Vayer : Instructions pour Mgr le Dauphin, 1er vol. des Œuvres.

quelquefois, pour défendre une thèse par des arguments quelconques. Mais parler encore de l'obscurantisme, c'est une sottise qu'aucun écrivain sérieux ne veut plus prendre à son compte. Même au XIᵉ siècle, qui tient beaucoup plus des temps barbares que du vrai moyen âge, les esprits d'élite montrèrent autant de curiosité qu'en aucun autre temps. Il est entendu que la Renaissance a tout renouvelé ; mais il reste un livre à faire pour établir que le moyen âge aurait pu aboutir, par ses seules forces, à de grandes choses, définitives.

A cette époque, les universités n'étaient pas fondées, mais Charlemagne, Charles le Chauve et Lothaire avaient restauré le culte des lettres ; comme d'ailleurs, la pensée ne fut jamais peut-être plus active, c'en est assez, malgré l'imperfection des méthodes, pour faire du XIᵉ siècle un siècle fécond et le précurseur du siècle de saint Louis.

Lanfranc perfectionna ses études à Bologne, qui était en ce temps et qui devait rester jusqu'au XVIᵉ siècle, la ville la plus fameuse de l'Europe pour la science des Écritures et du Droit. C'est dans cette ville que se rendaient les savants et les professeurs fameux qu'appelait en Italie l'hospitalité des papes. Nous avons jusqu'à ces derniers temps vécu sur cette idée : qu'il fallait attendre la Renaissance pour voir les savants comblés d'honneurs, et leur enseignement entouré de privilèges. Le protestantisme n'est peut-être pas étranger à cette idée, car s'il fut incontestablement un intense mouvement intellectuel, il nous a longtemps fait oublier tout ce qui avait précédé.

Trop avares de détails, les biographes nous disent que Lanfranc, ses études à peine terminées, enseigna le droit à Bologne : ce ne fut que pour peu de temps évidemment et dans quelque rôle secondaire. Il revint bientôt à Pavie professer les mêmes leçons, et il se distingua dans la jurisprudence : nous ne serons donc pas étonnés quand les chroniqueurs loueront le prieur de Saint-Étienne de Caen, et l'archevêque de Canterbury, de ses capacités juridiques.

Nous avons une excellente histoire des écoles de Pavie du V⁰ au XV⁰ siècle (1). Entre autres élèves illustres, Lanfranc eut Anselme de Badagio qui fut pape, sous le nom d'Alexandre II. Plus tard l'archevêque et le pape eurent quelques démêlés, et celui-ci dut faire à celui-là quelques observations, mais le souvenir des leçons du maître était vivace dans l'esprit d'Alexandre II. Un jour qu'il recevait Lanfranc, il se leva pour lui faire honneur, et comme son entourage s'en étonnait : « Je ne me lève pas,

____

(1) Antonio Gatto : « Gymnasii Ticinensis historia. » Mediolani, 1661.

dit-il, parce qu'il est archevêque de Canterbury, mais parce que j'ai été son disciple » (1).

A Pavie, Lanfranc eut comme collègue, dans l'enseignement du Droit, le célèbre Guido Langobardus, cité encore aujourd'hui comme l'un des restaurateurs du Droit, qu'avaient fait oublier les invasions ininterrompues des Vandales, des Hérules et des Goths.

A cette époque, les Normands, tard venus dans les invasions, remplissaient le monde de la renommée de leur vaillance ; ils dirigeaient plusieurs tentatives sur l'Italie, et allaient être bientôt les protecteurs officiels de la papauté. Ils étaient le peuple jeune et neuf que déjà l'Église entourait de sa sollicitude. Lanfranc voulut leur apporter ses lumières et prendre sa part dans leur formation. Il quitta donc Pavie où il avait une situation brillante et solide, et vint en France. Il faut avoir étudié d'assez près ces siècles extraordinaires, pour comprendre à quel point non seulement tout homme d'église, mais tout savant, avait une âme de missionnaire et d'apôtre. On ne connaissait pas ce monstrueux égoïsme de la science, qui se dissimule

(1) « Non quia Ecclesiæ Cantuariæ archiepiscopus est, sed quia Becci ad scolam ejus fui, et ad pedes ejus cum aliis auditor consedi » (Vit. Lanf.). Alexandre fut un de ceux qui suivirent Lanfranc d'Italie en Normandie : preuve de la grande valeur de l'enseignement de Lanfranc.

aisément sous les formules de l'internationalisme. Mais, dans le sens meilleur, la science n'avait pas de patrie et les savants voyageaient, ayant moins à cœur d'étonner un auditoire convaincu, que de faire bénéficier les ignorants du trésor qu'ils avaient arraché, morceau par morceau, à la barbarie.

Il est donc absolument inutile de rechercher dans des troubles politiques — que l'histoire ne signale pas — la cause du départ de Lanfranc. Les biographies autorisées en donnent pour cause unique le désir de briller chez un peuple plein d'avenir, et ce que j'appellerai l'apostolat de la science : chose dont on n'avait pas encore abusé (1).

Lanfranc s'arrêta à Paris (2), pour peu de temps sans doute, mais assez pour y avoir laissé un vif souvenir.

Malgré le retour de la barbarie, après Charle-

(1) « Audiens famam Normanniæ quæ tunc Neustria dicebatur, sciens..... illic multum collapsum studium litteraturæ,..... et inde se posse adipisci majorem gloriam, Lanfrancus venit. »

(Vita..... a Mil. Cresp.).

(2) « Ivit Parisios eoque litteras sub Karolo magno a Petro Pisano Papiensi magistro delatas, alter Papiensis magister revocavit et illustravit » (Ant. Gat., p. 91).

« Liberales artes a Latio in Galliis vocans acumine suo expolivit. »

(Malmesb. : de Pontif., I).

Nous manquons absolument de détails, même élémentaires, sur le séjour de Lanfranc à Paris.

magne, la société ecclésiastique et même la société laïque avaient conservé les principales des écoles, fondées par l'empereur. Elles étaient groupées sur la montagne Sainte-Geneviève, particulièrement autour de la basilique des Saints-Apôtres. Gottschalk, Gerbert, Scot, Raban Maur, Pierre de Pise, étaient maîtres d'école, et, avant la gloire de la Sorbonne, c'était comme une consécration de s'être fait un auditoire dans la ville qui restait toujours spirituelle et vive, sous la rude enveloppe de la féodalité.

Lanfranc alla ensuite en pleine Normandie, à Avranches, relever une école, fondée par Robert le Grammairien. Il avait amené avec lui d'Italie quelques disciples, disent les chroniques, autour desquels vinrent se ranger des hommes qui furent plus tard illustres : Jean (on ne le connaît que sous ce nom), qui fut évêque d'Avranches, et que Lanfranc lui-même fit nommer, en 1067, à l'évêché de Rouen, en remplacement de Maurille ; Yves du Beauvoisis, qui fut évêque de Chartres, et eut avec Philippe Ier de nombreux démêlés, pour l'avoir blâmé de répudier sa première femme ; Paul, qui fut moine de Saint-Étienne de Caen, puis prieur de l'abbaye de Saint-Alban, au diocèse de Canterbury, et que deux chroniqueurs donnent comme le propre fils de Lanfranc (1).

(1) Biblioth. de Caen, ms. de Saint-Étienne de Caen. — Mais

Ni Milon Crespin, ni Eadmer, ne disent davantage
de l'enseignement de Lanfranc à cette époque. Il
quitta bientôt du reste Avranches, où il ne paraît
pas qu'il ait séjourné plus de deux ans, et il se
dirigea vers Rouen. La raison de ce déplacement est
fort obscure. Peut-être voulait-il fonder une école
plus illustre dans la capitale de la Normandie?
Mais on nous dit qu'il ne voyait que vanité dans
l'emploi de sa vie jusqu'à ce jour (1); nous pourrions
donc croire qu'il n'allait à Rouen que pour demander conseil et direction à quelque abbé d'un des
célèbres monastères qui venaient de se fonder, au
nombre de huit, en douze ans, dans la ville et autour de la ville. Cependant nous allons voir que
son entrée dans la vie religieuse semble plutôt
déterminée par un coup subit.

D'après les cartes routières de l'époque, telles que
des essais laborieux et souvent hypothétiques ont
pu les reconstituer, Lanfranc dut passer par Vire,
Falaise, Lisieux, Cormeilles, Montfort, pour traverser la partie extrême-sud du Roumois, et atteindre

il nous a été impossible de trouver dans aucune chronique, ni
biographie, aucun témoignage sérieux du mariage de Lanfranc. Les mots : « ut quidem antumant » semblent indiquer
une supposition mal vérifiée (Mathieu Paris, p. 49 de « Major
Historia »). Le même, dans la Vie des Abbés de Saint-Alban,
dit (p. 49) « consanguinitate propinquus. »

(1) C'est le motif donné par Milon Crespin.

Rouen par Quevilly, dont il est si souvent question dans les cartulaires du temps. Il venait de traverser la Risle (1) qui, comme on le sait, passe à Pont-Audemer, et il était entré dans l'épaisse forêt, dont il ne reste plus aujourd'hui que quelques bois et des taillis, qui s'étendait jusqu'aux rives de la Seine. Il était accompagné d'un de ses élèves. Au milieu de la forêt, ils furent arrêtés par des brigands qui s'emparèrent de leurs chevaux, de leurs bagages, et qui (sans doute pour ne courir aucun risque d'être reconnus), leur rabattant leur manteau sur la tête (2), les lièrent solidement à un arbre et disparurent. Ils restèrent toute la nuit dans cet état. Déjà préparé à la grâce par le dégoût des grandeurs humaines, Lanfranc fit à Dieu cette admirable prière : « O Seigneur, mon Dieu ! voici que j'ai usé mon âme et mon corps dans les études des belles-lettres, et que j'ai dépensé tant d'années à apprendre ! mais je n'ai pas appris comment vous prier et vous louer ! Délivrez-moi de ce péril, et, avec votre aide, je corrigerai et j'ordonnerai si bien ma vie que je saurai et que je pourrai vous servir » (3).

Au point du jour, des voyageurs entendirent leurs cris d'appel, et, dans ces forêts infestées de

(1) « Ultra fluvium Rislam » (Vit. a Mil. Cresp.).
(2) « Et caputis capæ ante oculos admoto » (Ibid.).
(3) Traduite mot pour mot (Ibid.).

bandes pillardes, en furent d'abord épouvantés ;
puis ils s'approchèrent, délièrent les deux prisonniers et leur offrirent quelque nourriture. Ils leur
proposèrent aussi de les conduire au terme de leur
route, mais Lanfranc leur demanda (1) seulement
de lui indiquer le plus pauvre monastère du voisinage. Les voyageurs lui répondirent qu'en prenant
la route qui conduisait à Évreux, il trouverait à mi-
chemin, entre Montfort, lieu d'un pèlerinage célèbre
à Notre-Dame, et Brionne où résidait le vidame,
un bien pauvre monastère fondé par Herluin.
Lanfranc était âgé de 44 ans (1047).

Quel qu'ait été le motif qui détermina cette
brusque conversion, les passions violentes de
l'amour, les entraînements orageux de la jeunesse
paraissent ou avoir épargné le cœur de Lanfranc,
ou ne l'avoir jamais profondément bouleversé. Le
silence de tous les biographes en est la preuve la
plus sérieuse. Chez ce jeune homme transporté
sans regret du ciel clément d'Italie et d'un milieu
civilisé, sinon même raffiné, dans un pays du nord,
voisin de la barbarie, en tout cas rude encore, il y
a déjà cette sûreté parfaite du jugement, cette pour-
suite du but, cet équilibre de toutes les facultés par
la raison, qui feront, pour une grande part, la belle

(1) « Ut vilius et pauperius cœnobium quod in regione nos-
sent, sibi demonstrarent » (Vit. Lanfr.).

ordonnance de toute sa vie. Ces débuts de son histoire sont difficiles à suivre, parce que les détails font défaut : pourtant on n'y voit pas de lacunes; on n'a pas l'impression de cette déperdition de forces qu'on trouve même chez les meilleurs, ou de ces coups de barre violents à droite ou à gauche, qui trahissent une âme désemparée. Notre siècle a connu de telles exaltations du sentiment et de tels gaspillages de talents et de génie, que nous sommes portés à appeler « esprits positifs » ces esprits exactement pondérés. Ce n'est pas une même chose. S'il est vrai que le jeune Lanfranc était frappé de la vanité des choses d'ici-bas, et qu'il aspirait à des clartés plus pures que celles de la science; si, sans avoir jamais délaissé Dieu, il voulait se rapprocher de lui pour illuminer son âme à son intelligence infinie, c'est donc qu'il ne se renfermait pas tout entier dans le présent, qu'il ne bornait pas son horizon, et, — si l'emploi d'un mot dont on a tant abusé n'est pas ici un anachronisme, — qu'il y avait chez ce jurisconsulte et ce philosophe l'idéal le plus élevé.

Ne croyons point cependant trouver en lui ce mépris des choses terrestres qui a poussé tant de personnages illustres à s'ensevelir dans les cloîtres, à tout jamais. Il aime l'activité. Il sortira de son monastère quand il le faudra, sauf à vivre en moine au milieu des honneurs. L'ordre de Saint-Benoît,

que les documents de l'époque appellent souvent
« l'Ordre » simplement, était une discipline, une
manière de vivre, mais n'a jamais été conçu par
son fondateur comme une « mort à la société. » Il
n'en faut pour preuve que les grands services de
ces moines dans le temps même que leur règle était
le plus austère.

A chaque époque tourmentée, les esprits ne
manquent pas qui, en dehors de toute aspiration
religieuse, rêvent de quelque chose de meilleur,
par l'insuffisance du présent. Or, les esprits élevés
étaient, au XIe siècle, bien supérieurs aux méthodes
acquises. Aujourd'hui nous pouvons sourire si
quelqu'un nous parle du désenchantement de la
science : « En a-t-il donc touché le terme ? a-t-il
atteint aux extrémités des choses humaines ? » —
Et sans doute que s'il y était allé, c'est là même et
pas ailleurs qu'il aurait perçu le sens de l'idéal !
Mais au XIe siècle un esprit puissant avait bientôt
parcouru le cercle des études sans y trouver l'emploi de toutes ses forces. Il n'y avait que deux
manières d'en sortir : ou créer de nouvelles méthodes, mais il faut venir à son heure, et les créa-
teurs de méthodes sont rares, même parmi les
hommes de génie ; — ou dépenser dans la vie
active le surplus de ses forces, et donner à la vie
sociale tout ce qu'on ne pouvait donner à la méta-
physique et à la science.

CHAPITRE II.

L'abbaye du Bec.

—

Sommaire. — Grand nombre des abbayes en terre normande.
— Herluin fonde l'abbaye du Bec. — Pauvreté et dénûment.
— Lanfranc fonde une école qui attire de nombreux élèves.
— Après Lanfranc et saint Anselme, les moines se font
agriculteurs. — Revenus et constructions de l'abbaye. — Les
abbés commendataires. — Désastres de la guerre de Cent-
Ans et des guerres de Religion. — Comment ces grandes
institutions monacales ont dû nécessairement se transformer.

En l'année 1034, Herluin, un des plus riches normands, se fit moine, et selon l'habitude des seigneurs, au lieu de prendre l'habit dans un couvent
déjà fondé, fonda lui-même un monastère.

Par sa mère, il était apparenté aux ducs de
Flandre, et par conséquent à la future épouse du
duc de Normandie. Son père était venu depuis plus
de soixante ans en Normandie, avec les premières
barques danoises. Lui-même avait été élevé comme
page à la cour du comte de Brionne, Gislebert, vidame de toute la Normandie (1), et neveu de

(1) La vidamie n'était pas héréditaire dans la maison de
Brionne ; elle fut plus tard, pendant quelques années, dans la

Richard Ier. Beau, vaillant, riche, magnifique écuyer, prodigue, les honneurs et la séduction l'attendaient, semble-t-il, lorsqu'on le vit, âgé de 40 ans, fonder à Bonneville, l'une de ses terres proche de Brionne, un monastère (1), y vivre d'abord quelque temps presque seul, réunir autour de lui deux ou trois disciples, construire une chapelle dédiée à sainte Marie, et bientôt se faire nommer abbé par l'évêque de Lisieux, soit que cet honneur et cette responsabilité lui revinssent tout naturellement, soit, comme le disent les chroniques, que personne ne voulût assumer une telle charge, devant la pauvreté du monastère.

Je ne rappellerai pas ici à quel point les Normands prirent à cœur leur conversion, stipulée dans le traité de Saint-Clair-sur-Epte, et par quelles églises, chapelles innombrables, presque toutes des merveilles, cette admirable race, vaillante, loyale, tempérant la fougue du barbare par une naïveté exquise, manifesta sa dévotion à la sainte Vierge. L'histoire raconte les grandes choses qu'ils firent.

maison du Neubourg, jusqu'à Robert du Neubourg, qui lui-même se fit moine en 1159 (Chron. Bec).

(1) Orderic Vital (II) en donne comme raison que la cour du comte de Brionne, après une lutte malheureuse du comte contre le comte de Ponthieu, se serait dispersée. Cette lutte exista ; mais la raison alléguée pour Herluin nous paraît insuffisante.

Ils semblent en vérité avoir imprégné le sol de leurs fortes pensées ; mais ils n'étaient jamais si grands ni si maîtres d'eux-mêmes, que lorsque, abandonnant leur cheval de bataille et leur épée, ces valeureux revêtaient une robe de bure pour défricher le sol et le cultiver (besogne qu'ils aimaient cependant laisser aux vaincus), ou pour amollir leur cœur dans le silence et l'oraison. Nous allons voir combien ils furent nombreux.

La terre de Bonneville (1) manquait d'eau, ce qui est d'ailleurs bien fréquent dans cette campagne du Neubourg où les Normands ont laissé peut-être leurs traces les plus profondes. Herluin transporta donc son monastère près de Pont-Authou, à trois quarts de lieue vers le nord, au lieu dit du Bec, et qui porte aujourd'hui le nom de Bec-Hellouin (2). Les bâtiments de bois construits à Bonneville furent abattus : ils avaient servi cinq ans (1034-1039). Ce déplacement ne fut pas encore très heureux, car le nouveau terrain était trop marécageux (3) ; les

(1) « Locus campestris et inaquosus » (Chronic.). Jumièges, VI, 9 (chapitre ajouté précisément par un moine du Bec), dit qu'ils ne buvaient que de l'eau bourbeuse et qu'il n'y avait aucune source à deux milles à la ronde.

(2) G. de Jumièges, IX, 6, explique la chose à la suite d'une vision. Cet auteur accepte facilement les traditions populaires et les légendes.

(3) « Monasterium sæpe propter exundantes aquas mergebatur » (Chronic.).

bâtiments étaient de torchis, et, au moins jusqu'à l'arrivée de Lanfranc, le monastère ne fut pas beaucoup plus riche. Il n'y avait pas de lanterne pour éclairer la chapelle, et au moment de chanter l'office de nuit, on allait en chercher une à la boulangerie ou à la cuisine. Huit ans après cette deuxième installation, Herluin, assisté d'un seul ouvrier, construisait, de ses propres mains, un four, ce qui ne suppose pas une grande richesse ! Malmesbury dit d'ailleurs en termes formels que Lanfranc, incapable de gagner son pain par le travail manuel, fonda au Bec une école de dialectique pour subvenir à la détresse du monastère (1).

A partir de 1050, la prospérité survint et ne cessa de grandir : il serait exagéré de penser qu'elle ne fut due qu'à l'arrivée de Lanfranc, car s'il fit accourir au couvent les clercs et les maîtres de latinité, de hauts seigneurs normands y vinrent seulement pour se faire moines, et non pour étudier ; or, ils donnèrent des terres (2). Il est particulièrement intéressant de citer un certain Willelmus qui se fit moine vers 1054, et donna une terre sur laquelle avait été bâti le couvent de Saint-Évroul (3), au pays d'Ouche, couvent auquel le nom d'Orderic

(1) Malmesb. : de Pontif., II.
(2) « Clerici accurrunt, Ducum filii, magistri Latinitatis » (Vit. Herl.).
(3) Voir Guill. de Jumièges, VII, 23.

Vital a fait une si grande réputation. Le pays
d'Ouche s'étend entre la Charentonne et la Risle.
Son point le plus rapproché du Bec (vers Serquigny)
en est approximativement à quinze kilomètres.
Cette donation, outre qu'elle nous fournit une
preuve de la facilité avec laquelle se déplaçaient
les monastères, à cette époque où ils ne consistaient
qu'en des constructions pauvres et légères, nous
montre qu'à partir de 1050, approximativement,
l'abbaye du Bec commençait à essaimer. En effet,
Herluin fit bâtir sur cette terre un petit oratoire et
quelques abris, et il y envoya trois moines et Lanfranc (1). Lanfranc n'y fut pas à demeure, il organisa le premier établissement, mais l'école du Bec
exigeait sa présence.

Il revenait un jour de cette terre, à cheval, et sur
la selle il portait un chat plié dans une couverture.
Sur la route, il rencontre un paysan qui entend
miauler, s'étonne et questionne. Lanfranc répond :
« Les souris et les rats sont nos ennemis, et j'apporte
ce chat pour réprimer leur fureur » (2). Tant ce grand
homme était simple ! ajoutent les chroniqueurs.

(1) Plus tard Willelmus reprit cette terre pour la partager à
ses neveux, et donna en échange la ferme de la Roussière;
aujourd'hui nom du village (350 à 400 habitants, canton de
Beaumesnil) (Vit. Herl.).

(2) « Mures et rati valde nobis sunt infecti et ideo mane
affero catum ad comprimendum furorem illorum » (Vit. Lanfr.).

Le monastère du Bec put essaimer de nouveau
en 1063. Les libéralités de Guillaume le Conquérant
permirent de construire une église à Ermentrust,
près du Quevilly, sur la rive gauche de la Seine, et
tout près de Rouen ; le duc donna au Bec les revenus
de cette paroisse et de celle du Quevilly, et des
moines vinrent les desservir (1).

Tandis qu'Herluin était obligé à des absences
nombreuses pour subvenir à l'entretien, Lanfranc
était spécialement chargé de la discipline. La
règle et les mœurs laissaient à désirer, mais
quand furent venus au monastère des hommes
comme saint Anselme et le vénérable Gundulf, une
noble émulation de travail et le contact des grands
exemples réveillèrent les vertus monacales. A partir de cette époque, et jusque vers 1350, l'abbaye
bénédictine du Bec fut constamment citée, avec
celles d'Ouche et de Cluny (2), comme l'une des plus
célèbres de toute la chrétienté, pour la science,
les aumônes et les vertus. De plus autorisés que
nous ont d'ailleurs décrit quelle influence les
grandes abbayes avaient sur tout le pays d'alentour,
et comment la règle de saint Benoît offrit un refuge
aux âmes éprises de science, de sainteté, et d'idéal.
Ce sont là des sujets d'histoire générale que l'abondance des matières ne nous permet pas de traiter.

(1) Chronic., fol. 3.
(2) Ord. Vital, II.

Les bâtiments de l'abbaye du Bec devenaient insuffisants. Il fallait tout reconstruire. Lanfranc décida Herluin à reculer l'abbaye à quelques centaines de mètres, dans un lieu moins humide et plus sain. Les nouvelles constructions furent commencées en 1060, achevées en 1073, et Lanfranc, archevêque de Canterbury, vint d'Angleterre en 1077 consacrer la chapelle et bénir le monastère ; lorsqu'il fut au sommet de la colline boisée d'où l'on dominait, dans un riant vallon, toute l'abbaye (1), Lanfranc ôta de son doigt l'anneau épiscopal pour se présenter à Herluin comme un disciple très humble, non pas comme le primat d'Angleterre. Il y eut à cette occasion une procession solennelle et des illuminations. Quand Lanfranc repartit pour l'Angleterre, les moines pleuraient. Herluin l'accompagna pendant deux milles, avec le pressentiment de la mort. En effet, il mourut en 1078, et son corps repose aujourd'hui dans l'église du village. Mais il avait fondé une grande œuvre ; sous la direction de saint Anselme, qui lui succéda, la réputation du monastère grandit encore, et dès lors l'abbaye se trouve étroitement mêlée à l'histoire. En 1146, Robert du Neubourg, vidame de toute la Normandie, présidait le Chapitre général,

(1) « Est autem monasterium inter duos montes positum, super rivum qui Beccus dicitur » (Vit. Lanfr.). La consécration eut lieu en 1077, mais le monastère était habité depuis 1073.

et lui-même prenait l'habit en 1159, apportant tous ses biens. Mathilde « Emperesse des Romains » protégeait l'abbaye et lui faisait de grands cadeaux d'orfèvrerie. Elle voulut y être enterrée (1067).

Toutefois, des maîtres comme Lanfranc et Anselme ne pouvaient se remplacer, et le Bec n'était plus le centre d'études où l'on était accouru de tous les points de l'Europe. Avec cette merveilleuse souplesse de la vie monacale, les moines s'étaient faits défricheurs, cultivateurs, hospitaliers ; aux bâtiments l'on ajoute, presque de dix en dix ans, une infirmerie, un hôpital, un grenier de distributions, un refuge pour les voyageurs, des moulins et des fours banaux (1). Car, depuis que les grandes universités se sont fondées, les monastères ont abandonné ce rôle d'éducateurs qu'ils avaient si bien maintenu, et ils sont devenus des institutions de charité.

En 1272, quand Pierre de la Chambrie était abbé (2), la grande tour tomba sur le chevet de l'église et une partie des bâtiments. On en profita

(1) Chron. Bec (passim). Orderic Vital, II, p. 246, vante beaucoup l'hospitalité du Bec.

(2) Liste des abbés : Herluin, jusqu'en 1078; Anselme, 1093; Willelmus, 1124; Boson, 1136; Théobald, 1139; Létard, 1149; Roger I, 1179; Osbern, 1179; Roger II, 1186; Walter, 1194; le même (démissionne, est réélu), 1197; pour les autres, voir Chronic. Bec. Pierre de la Chambrie fut abbé de 1272 à 1281.

pour agrandir l'église, et consolider la voûte par quatre piliers aux quatre angles du transept. La chronique des moines bâtisseurs ne laisse perdre aucun de ces détails de construction; ajouter un corps de bâtiments a presque pour eux l'importance d'un chapitre général et d'une réforme (1).

Pendant près d'un siècle, il n'est guère fait mention que de privilèges et de bénéfices accordés à l'abbaye, lesquels n'étaient en somme que l'expression de la reconnaissance des rois et des peuples. Le monastère abritait cinquante religieux de chœur, auxquels il faut ajouter un nombre probablement triple de frères convers, de novices et de serviteurs, sans compter la population que les moines aidaient

(1) L'an de grâce mil deux cents
Soixante et treize, virent gens
La maistre Tour du Bec descendre
Lendemain du jour de la Cendre.
Entour Prime fut la ruine.
L'œuvre dessous n'était pas fine,
Pour ce la Tour se descendit.
Tout le chœur cassa et fendit.
De la nef une grande partie
Cassa la Tour de l'abbaye.
Mais, Dieu mercy ce roi chéri,
Oncques homme n'y eust péri.
Ce fut en temps de l'abbé Pierre.
Pour ce qu'en pierres abonda,
Sous ferme pierre la fonda.
     Chron. Bec, fol. 13.

à vivre autour d'eux : dom Bourget dit qu'Herluin réunit cent disciples.

Il est très difficile de préciser les revenus d'une abbaye à une époque déterminée : pour un acte de donation que l'on trouve, avec ses charges et sa date, il en manque cent autres. D'après les « Pouillé », on peut estimer qu'à la fin du XVIe siècle, 122 paroisses et 17 prieurés dépendaient de l'abbaye du Bec, à titre bénéficiaire (1). Dans le seul diocèse de Rouen, le couvent percevait un revenu de 35.000 livres, et, dans les diocèses de Lisieux, Évreux, Bayeux, Chartres et Paris, un revenu de 30.000 livres (2).

Après la réunion de la Normandie, il payait un revenu de 100 livres à la couronne de France : impôt très faible, surtout si l'on ajoute aux revenus

(1) Pouillé général des abbayes de France, pp. 583 et suiv. : 16 paroisses dans le Vexin ; 8 dans le diocèse de Paris ; 10 dans celui de Chartres ; 28 dans celui d'Évreux ; 29 dans celui de Lisieux ; 2 dans celui de Bayeux ; 33 dans celui de Rouen. Parmi les prieurés : la Trinité de Beaumont-le-Roger ; Saint-Philibert-sur-Risle ; Sainte-Honorine de Conflans ; Saint-Nicaise de Meulan ; Saint-Pierre du Bosc ; Saint-Pierre de Pontoise.

(2) Pouillé de Rouen.

Nous citerons : Quevilly. 600 livres ; Saint-Sever, 600 ; les bénéfices du doyenné de Pont-Audemer, 5.300 ; de l'archidiaconé du Grand-Caux, 10.600 ; de l'archidiaconé d'Eu, 12.000 ; de l'archidiaconé du Vexin, 2.400 ; de l'archidiaconé du Petit-Caux, 400. Ce dicton était populaire : « De quelque côté que le vent vente, l'abbaye du Bec a rente. »

de ces bénéfices, les revenus des terres qui étaient la propriété directe du Bec ; mais il est bon de rappeler que les abbayes étaient exemptes d'impôts, et aidaient le roi, aux heures difficiles, par des dons gratuits, souvent considérables. Le Bec était exempt de toute servitude militaire (1).

A la même époque Fécamp avait, dans les seuls diocèses de Normandie, un revenu de 32.500 livres ; Jumièges, de 6.700 ; Saint-Michel, de 12.700 ; l'abbaye aux hommes de Caen, de 5.900 ; l'abbaye aux dames, de 4.900. Le Bec était l'une des plus riches de toutes ces abbayes bénédictines dont nous avons encore des cartes géographiques qui les disposent par régions. Mais à partir de 1350, le Bec eut, dans les effroyables calamités de la guerre de Cent-Ans, une part proportionnée à ses richesses et à sa renommée. Nous allons donc la décrire dans toute sa

(1) Dans aucun des catalogues des servitudes militaires de la Normandie, ni dans les « Feoda Normanniæ » (Normannorum Scriptores antiqui, p. 1037...) nous n'avons trouvé le nom de l'abbaye du Bec, mais nous avons trouvé les monastères de Caen et de Jumièges. On cite (Feoda Normanniæ) comme astreint au service de la garde d'honneur du comte d'Évreux : « Hæres Mathæi de Becco », mais il s'agit d'un seigneur, baron du Bec, dont la famille a laissé quelques traces dans les cartulaires (Cf. Pouillé de Rouen, ad Ebroic, p. 13, et : « Feoda Normanniæ », in-fol., manuscrit, Bibl. nationale, fonds Colbert, n° 3243). — Dans l'*Armorial de Normandie* (Chevillard, in-fol., Paris, 1666) on trouve le blason du chevalier du Bec, seigneur de la Brosse, marquis de Vardes (losangé, de gueules et argent).

splendeur, avant de la voir modifier son esprit, et entrer dans une décadence certaine, quoique lente (1).

De l'abbaye du Bec, il ne reste plus que les murailles d'un beffroi qui date du XVe siècle ; les bâtiments des moines, bâtiments d'ailleurs tout modernes, servent aujourd'hui de haras (2). Une gravure (3) nous a conservé le portail de l'église (style de transition du XVe au XVIe siècle) et la nef (deux travées, et 90 pieds de haut); mais les guerres, les ouragans, les incendies, le besoin de s'agrandir, avaient fait souvent reconstruire au détriment de l'unité primitive.

Ce que nous aimerions à voir, ce n'est pas l'abbaye du temps des abbés commendataires, mais celle où tant de fortes générations de moines avaient vécu ; nous voudrions demander aux murailles des cloîtres et du chapitre un écho de la voix de Lanfranc et de saint Anselme. Mais il n'en subsistait presque plus rien au début du XVIIIe siècle, et tout

(1) Pour les privilèges et exemptions ecclésiastiques, et particulièrement de la faveur royale, l'autorisation de vendre, acheter, transporter des marchandises dans le royaume sans payer aucune taxe, voir Dom Bourget, pages 370 et suiv.

(2) Mém. de la Soc. des Antiq. de Normandie, 1827-1828, page 358, pages 450 et suiv. L'étude est d'Augustin le Prévost, l'éditeur d'Orderic Vital.

(3) Dans « The history of the royal abbey of Bec, near Rouen, in Normandy, London, 1785. »

fut démoli entièrement en 1814, y compris la salle
du chapitre dont les chroniques disent merveille,
que les guerres et les protestants avaient épargnée,
et qui était encore très solide (1).

Du temps de Dom Bourget, la nef subsistait encore,
très courte, de deux arches seulement. Le chœur
resplendissait de cuivre, d'or, d'argent, de marbre et
de jaspe. Le moine historien mentionne à plusieurs
reprises les marbres multicolores d'Italie, aux fines
nervures. Un parc, dont les limites formaient la
clôture monastique, montait jusque vers la colline, dans la direction du nord, vers le village du
Bec.

Dans l'église du village, qui date du XIVe siècle,
il reste quelques souvenirs précieux de l'abbaye (2),
mais la plupart ont été transportés à Sainte-Croix
de Bernay (3), d'autres dans les environs, aux ha-

(1) Elle avait été construite aux frais de Robert du Neubourg, qui se fit moine plus tard, et dont nous avons parlé
dans ce chapitre. C'est la même gravure qui est représentée
dans le « Monasticon Gallicanum » de Dom Saint-Germain, et
dont nous parlons quelques pages plus loin.

(2) Émail merveilleux représentant une descente de croix :
deux groupes polychromes du XIIIe siècle : sept figurines
d'apôtres ; une pierre tumulaire : des inscriptions tombales : le
tombeau d'Herluin avec une peinture sur bois (moderne) le représentant debout, mains jointes.

(3) Quelques pierres tombales, des statues d'apôtres, et le
splendide maître-autel de 1685, si complaisamment décrit par
Dom Bourget.

sards de la dispersion et du vandalisme (1). Guillaume de Tremblaye, l'un des plus savants architectes de son temps, fut moine au Bec. On rattache d'ailleurs au nom de Lanfranc de grandes modifications dans l'architecture normande (2). Non pas architecte, mais, tout porte à le croire, habile dessinateur, il aurait fait connaître aux Normands le style lombard. En tout cas, c'est à partir de l'époque de son influence que le plan latin se modifie; qu'aux charpentes apparentes ou aux voûtes en maçonnerie à arête, mais sans nervures ni doubleaux, on substitue les hautes voûtes architecturales, sexpartites, avec des arcs diagonaux et doubleaux, et aux piliers égaux, des piliers alternés, gros et petit, de deux en deux, le petit souvent prolongé jusqu'à lui faire supporter une panne du comble. C'est sur ce plan qu'est bâtie l'église Saint-Étienne de Caen, dont Lanfranc passe pour avoir dirigé lui-même la construction. Il y aurait donc un intérêt tout spécial à posséder quelques renseignements sur le plan de l'abbaye du Bec, telle qu'elle fut reconstruite sur les instances de Lanfranc, et bénite par lui en 1077.

Les moines portaient l'habit blanc et la coule

(1) Dans l'église de Boisney, quelques autels et deux pierres tombales (Jehanne de Tilly, 1495; et Robert de Flocques, 1461).
(2) Ruprich-Robert, archit. norm., t. I.

blanche (1). L'abbé avait le privilège de l'anneau et des ornements pontificaux; il pouvait donner en tous lieux la bénédiction solennelle; il conférait la tonsure. Si le monastère était devenu plus riche, et si l'abbé n'était plus obligé de manier lui-même le rateau, la règle de saint Benoît était restée immuable, et il faut changer peu de chose au tableau de Guillaume de Jumièges qui nous montre les moines travaillant aux champs, labourant, sarclant les herbes, fauchant et moissonnant, nourris de pain de froment, d'herbes et de sel (2). C'est encore aujourd'hui le régime des grandes abbayes: le voyageur qui voit revenir des champs, à cinq heures, les trappistes silencieux de Soligny, robe retroussée, large chapeau d'osier, le panier de provisions à la main, aurait vu de même les moines bénédictins du Bec, et il doit croire que le régime plus que frugal, dont on s'étonne qu'il puisse réparer les forces, n'a pas changé (3). Cependant à cause

(1) Chr. Bec, fol. 15. Voir aussi appendice III à la fin de cet ouvrage, ms. 12.884.

(2) Guill. de Jum., VI, 9.

(3) Duplessis II, nombres CCXXIV et suivants, dit que les moines du Bec avaient pris l'habit blanc en l'honneur de la Sainte-Vierge, et qu'ils reprirent l'habit noir, lorsque fut introduite la règle de saint Maur.

Nous avons plusieurs sceaux de cette abbaye.

a. Aux Archives de Rouen, un sceau de 1563, ogival, de 63 millim. C'est, dans une niche supportée par un piédouche

de l'humidité, les dortoirs de l'abbaye du Bec étaient chauffés ; dans un manuscrit conservé à Évreux (n° 58, fol. 2), il y a un compte des mesures de bois que l'abbé commendataire devait fournir dans ce but.

La règle de saint Maur fut introduite en 1661, mais à cette époque le Bec était gouverné depuis près de deux siècles par des abbés commendataires qui firent beaucoup de mal, et l'abbaye avait subi de telles calamités qu'il faut admirer plutôt qu'elle ait pu les surmonter.

En 1356, Louis d'Harcourt, capitaine général de la Normandie, ne voulant pas que le monastère, s'il était pris par les Anglais, pût leur servir de forteresse, fit démolir l'église jusqu'au sol, et sur l'em-

godronné, à gauche, la Vierge portant l'Enfant Jésus ; à droite, un prélat mitré, crossé, tenant un livre. En gothique : Sigillum + conventus + monasterii beate + Marie + de Becco + helluyny 1563. — Un sceau de Henri, abbé, debout, tête nue, crossé, tenant un livre (1236), avec un contre-sceau représentant le même, accosté de deux étoiles, et la légende : Sanctus Herluinus, abbas Becci. — Un autre de Pierre, abbé (1277) ; un autre de Guillaume, abbé (1379), même personnage et même attitude.

b. Aux Archives de la Manche, un sceau de 1328, même personnage dans une niche gothique.

c. Aux Archives de la Seine-Inférieure, un sceau de Robert, prieur du Bec (1285) : sur une plate-forme flanquée de tours, la Vierge est assise et tient l'Enfant Jésus ; au pied, un homme en prière.

placement, construire des tours massives. On dut
aussi démolir le dortoir et la moitié des autres bâtiments, ce qui permit d'ailleurs de laisser subsister
quelques arches de l'église. On entoura le tout d'un
mur avec fossé; une garnison y fut placée, que
l'abbaye dut entretenir à ses frais.

En 1388, (1) l'abbé Harenc fut chassé par un intrus,
Estold d'Estouville, abbé de Cerisy et moine de
Fécamp, qui bientôt après abandonna le monastère
du Bec et le laissa chargé de dettes. On rappela
Harenc qui s'efforça de rétablir la discipline grave-
ment atteinte, paya les dettes, et changea ce qui
restait de l'abbaye en un véritable camp retranché :
mur de 15 pieds de large à la base, de 10 en hauteur,
et quinze grandes tours qui passaient pour quelques-
unes des plus hautes de France, y compris celles
d'Avignon. On y dépensa quinze ans, et une somme
de 15.000 livres tournois (2).

(1) Harenc avait succédé à Robert des Routes (1350-1361),
qui succédait à Jean des Granges (1334-1350) lequel remplaçait
Godefroyd Fare, nommé évêque d'Évreux. On composa, sur
cette translation, le curieux couplet :

Prends la tête d'un Maquerel,   (= M)
d'un Chien, d'un Congre et d'un Carpel, (= C, C, C)
de six Vivres et de quatre Itres,   (= V,V,V,V,V,V : I, I, I, I)
Si trouveras sans aultres titres,   ⁀
Quand Godefroyd Fare se desmit   M CCC VVVVVV IIII
d'abbé du Bec, et Esvreux prist. = mil trois cent trente quatre.

(2) Chronique du Bec; mais Dom Bourget dit 20.000.

Harenc mourut en Italie, au retour d'un pèlerinage de Terre-Sainte ; cette absence nous laisse supposer que, derrière ses murailles, l'abbaye goûtait quelque tranquilité. En voici une autre preuve : Guillaume d'Auvilliers acheta dans la rue Saint-Jacques, à Paris, une maison confortable, et y envoya les jeunes moines désireux d'études plus fortes. Voulait-on, espérait-on pouvoir revenir aux anciennes traditions du Bec ?

Mais en 1417, Henri d'Angleterre débarqua à Touques, en six semaines conquit la Basse-Normandie. Tout le monde se mit à fuir devant ses ravages et se retira avec les biens les plus transportables dans l'abbaye. Cette fois, on ne garda que la forteresse, et on démolit entièrement ce qui restait du monastère hors des murailles de protection : la maison des artisans, la maison des hôtes, la chapelle de saint Herluin, les cuisines (1). L'abbaye dut lever un impôt que personne ne trouvera excessif devant de tels services (2).

C'est seulement en 1418 que le Bec fut assiégé par Thomas, duc de Clarence, connétable et frère du roi. La forteresse commandait la route la plus courte vers Évreux. Elle subit des assauts furieux

(1) Chr. Bec : « domum fabrorum, domum hospitum, capellam Sancti Herluini, officinas. »

(2) Chr. Bec : « duodecim denarios, pro quolibet mense, ab uno quoque hominum nostrorum. »

d'un mois ; aucun secours ne vint du roi de France. On se rendit le jour de l'Ascension. Ce n'était presque que le début des malheurs. Quand les moines et les réfugiés eurent été expulsés, n'emportant que leurs plus vils vêtements, tout fut mis au pillage et à moitié brûlé. Le roi Henri y vint faire quelque temps séjour, partit en laissant vingt hommes et quarante archers, et ne recevant pas l'hommage qu'il attendait, saisit le temporel. Quelques semaines après, Robert lui fit cet hommage par nécessité, et le poids de la guerre fut un peu allégé pour l'abbaye. Mais, en 1421, les Français la reprirent aux Anglais : ceux-ci s'étaient réfugiés dans la grosse tour ; en partant, ils tirèrent leurs flèches contre les moines qu'ils soupçonnaient sans doute de trahison, et ils en tuèrent ou blessèrent un grand nombre. Quant aux Français, ils pillèrent ce qui restait, et n'épargnèrent ni les calices, ni les corporaux, ni les ornements des tombes. Les Anglais revinrent, pillèrent quelque peu, démolirent la forteresse, et sur un ordre exprès de leur roi, ramenèrent les moines.

En 1452, l'abbaye pouvait enfin se croire délivrée. Godefroi fit construire une infirmerie, le beffroi ; il donna, de ses revenus, des cloches et des vitraux, orna le chœur d'un aigle doré, et aux quatre piliers du maître-pupitre, fit placer les statues en cuivre doré des quatre Docteurs. En 1468, le roi d'Angleterre, la reine Marguerite et le prince de Galles y passèrent cinq jours. On les reçut aux flambeaux. Ils allèrent de là prier la Vierge de Notre-Dame de Montfort, et prendre la mer à Harfleur (1).

En 1476, fut nommé le premier abbé commendataire, d'après le système adopté dès cette époque par les rois de France, et qui fut la source de tant d'abus. Le premier fut Boucart, confesseur de Louis XI, qui acheva le beffroi. En 1517, François Ier présenta et imposa le cardinal de Boissy; Ribaud, l'abbé en charge, fut obligé de se retirer. Il se vengea en dérobant pendant la nuit la moitié du trésor que, sans le moindre scrupule, il emporta à l'abbaye de Valmont. En 1539, François Ier visitait la Normandie : il résida quelques jours au Bec et fut charmé de la beauté du site. Quatre ans après l'abbaye fut pillée par les huguenots, dont la rage s'attaqua surtout aux œuvres d'art. Dom Bourget, avec une impartialité que n'ont pas ses adversaires, avoue que les catholiques n'étaient pas tendres aux protestants qu'ils rencontraient.

Que pouvait être l'abbaye dans une succession de pareils désordres? Aussi bien, le temps de ces grandes institutions était-il passé : une bonne administration ne suffisait pas, il fallait un souffle nou-

(1) La chronique du Bec s'arrête à 1500. On a un appendice à la chronique du Bec, jusqu'en 1591, par François Carré, moine du Bec; et : Dom Bourget qui, à partir de cette époque, n'a que de vagues renseignements.

veau (1). Mais, comme si l'illustre abbaye du Bec devait jusqu'au bout raconter dans son histoire une page de l'histoire de France, les plus grands noms sont inscrits dans le catalogue de ses abbés : le cardinal de Tournon ; le cardinal de Guise, duc de Lorraine ; Antoine de Bourbon ; Alphonse-Louis du Plessis-Richelieu ; Nicolas Colbert, fils du grand Colbert ; Roger de la Rochefoucauld de la Roche-Guyon ; Louis de Bourbon-Condé, prince du sang ; M. de Marbeuf, en 1789.

Nous étions monté, un jour d'automne, sur la colline à pentes très douces qui borne, du côté du Roumois, la vallée du Bec. Aux rayons du soleil matinal, le brouillard s'enlevait par lambeaux, s'accrochant aux pignons de la haute tour, s'enroulant comme une écharpe autour de la Vierge qui la domine. Dans le fond de la vallée, les bâtiments de l'abbaye apparurent tout entiers. Ce sont les bâtiments du XVIIIe siècle, et à côté, la riche demeure des abbés commendataires. Du temps de Lanfranc, comme nous l'avons déjà dit, il n'y a plus un seul bâtiment, et peut-être pas une seule pierre. Mais lorsque d'Achery s'occupait à ses immenses travaux, le moine Saint-Germain dessina pour lui les vues-perspectives des plus célèbres abbayes de

(1) Entre temps, Henri IV, pour arracher le Parlement de Normandie aux luttes de Religion, très vives à Rouen, le fit siéger à l'abbaye du Bec, de 1589 à 1599.

France (1). C'est dans cet ouvrage qu'est la meilleure gravure du Bec, en 1677 ; elle offre un réel intérêt pour juger du développement que pouvaient prendre avec les siècles ces sortes de monastères. La porte aux tourelles est celle que nous voyons encore ; sur le beffroi « turris campanilis », au-dessus de la plate-forme qui en est aujourd'hui le seul couronnement, un clocher pyramidal très élancé ; de tous côtés, aux angles des bâtiments, une profusion de clochetons qui devaient offrir un gracieux assemblage. L'église n'a pas de clocher, mais ses contreforts et ses arcs-boutants l'entourent d'un pittoresque fouillis. A droite, aussitôt après l'entrée, les demeures des serviteurs et des ouvriers ; en retour, des greniers, des écuries et des moulins, un colombier, une teinturerie, un vivier ; à gauche, le beffroi ; en face, l'ancien prétoire où les abbés rendaient la justice seigneuriale (la prison est dans la tourelle de droite, au-dessus de la porte d'entrée). L'abbaye proprement dite forme un carré entourant une cour, autour de laquelle est le cloître ; ce carré est fermé par le dortoir, le réfectoire, la

(1). Dom Saint-Germain. Matériaux d'un Monasticon Gallicanum, 4 vol. in-fol. dont 2 de planches. Le manuscrit fut brûlé dans un incendie de la Bibliothèque de Saint-Germain-des-Prés. mais il avait été imprimé, et les 4 volumes sont à la Bibliothèque nationale, sous les numéros 11.819-11.821 du fonds des manuscrits latins.

demeure des hôtes, la demeure des officiers de l'abbaye ; par derrière, un des côtés du carré se prolonge et va rejoindre l'ancienne demeure abbatiale toute hérissée de clochetons et de pignons. Tout autour, dans les enclos : maison du procureur, granges, pressoirs, colombiers, écuries, cabanes à lapins. La bibliothèque et l'infirmerie sont dans deux bâtiments d'angle du cloître.

C'est une manière de petite ville, avec des jardins soigneusement tracés et des fontaines architecturales. Évidemment à cette époque, l'agriculture était tout à la fois la ressource et l'occupation des moines. La règle monacale s'était assouplie aux pires nécessités des temps. L'imprimerie multipliait les copies : à quoi bon alors passer des années à la copie des manuscrits ? Les écoles s'étaient groupées dans les grandes capitales, où elles trouvaient plus d'élèves, de meilleures bibliothèques. C'était là tout de même, sous nos yeux, qu'avaient vécu des hommes auxquels des rois avaient demandé conseil, et dans ces salles splendides que l'on voit encore, que trouve-t-on maintenant ? Des râteliers pleins de foin et des mangeoires pleines d'avoine ! Des soldats en sabots et en pantalon de treillis soignent des chevaux élevés à grands frais en vue des batailles meurtrières. Que serait devenue l'abbaye sans le coup de force de la Révolution qui chassa les moines, dispersa les livres, démolit l'église

et l'ancienne demeure abbatiale? Il faut convenir
que l'époque de sa gloire était passée sans retour.

Nous voulûmes visiter une fois encore les bâtiments. Ne serait-il pas possible de surprendre à
quelques pierres leurs secrets? Ah! des ruines sont
belles dans leur dévastation; mais ici c'est une
profanation; ce n'est plus le temps qui détruit son
œuvre, ce qui après tout n'est pas sans grandeur,
c'est le temps qui semble se moquer de ce qu'il
avait édifié avec tant de labeur. Nous remontâmes
la pente de la colline, et comme nous repassions l'histoire, encore que de cette histoire imposante plus
rien ne subsiste, il nous semblait tout de même que
ces lieux se repeuplaient. Nous voyions les moines
et les élèves de Lanfranc et d'Anselme entrer par
la porte crénelée, avec ses élégantes tourelles
pyramidales (1). Ils contournaient le beffroi, isolé,
solidement planté sur le sol. L'église se relevait et
formait le quatrième côté du cloître (2). Qui donc a
pu étudier un sujet antique, sans se donner au moins
l'illusion de le vouloir ressusciter? Mais ici la vie ne
revenait pas, et nous avions beau nous rappeler les

(1) Aujourd'hui, cette porte est réservée à l'ancienne demeure
abbatiale devenue propriété privée. Sur la même place, gazon-
née, ombragée d'arbres antiques, on a ménagé une autre
porte pour le service du dépôt de remonte qui a succédé aux
bénédictins.

(2) On voit encore contre un mur des vestiges d'arceaux.

belles verrières, les riches pupitres de cuivre mar-
telé, les anges dorés, les marbres précieux, les
armoires de bois rare pour les manuscrits, l'oubli,
la mort persistaient. Ou plutôt c'était une autre
vie, un autre travail : par delà, après la jonction de
la vallée du Bec et de la vallée de la Risle, une
fabrique de laines dressait ses hautes cheminées,
dans le lieu humide et bas, tout près de Pont-
Authou, où jadis avait été l'abbaye. Du côté de la
colline d'où nous dominions ce paysage merveilleux qui avait charmé François Ier, les limites de
l'abbaye se reconnaissent très bien : de vieux murs
et des lierres qui semblent dix fois séculaires. Mais
de l'autre côté, le chemin de fer a creusé ses tran-
chées, au pied des futaies. Pourquoi regretter le
passé ? Quand même les cloches de l'abbaye rap-
pelleraient encore des champs les moines laboureurs, quel rapport y aurait-il de ceux-ci aux compagnons d'Herluin et de Lanfranc ? Le joli village
du Bec garde encore, au milieu de ses maisons à
toiture de chaume, des constructions plus opu-
lentes, dépendances de l'abbaye. C'est certainement
ce village qui a le moins changé : il est resté groupé
en demi-cercle autour de son église, et les maisons
regardent toujours l'abbaye d'où sont venus, pendant tant de générations, pour ces paysans laborieux, l'exemple du travail et de la frugalité, la
leçon du dévouement et de la résignation.

CHAPITRE III.

—

SOMMAIRE. — Lanfranc réunit autour de lui plus de 200 élèves.
— Premiers essais de la méthode scolastique. — Nomina-
lisme et réalisme. — Hérésie de Bérenger sur la Sainte-
Eucharistie. — La Glose. — L'averrhoïsme. — Bibliothèque
du Bec. — Les enlumineurs de Jumièges et la collation des
manuscrits. — Ouvrages de Lanfranc.

Contrairement à ce que l'on croirait d'abord,
nous avons relativement peu de renseignements
sur l'école de l'abbaye du Bec, bien moins certainement que sur les constructions et reconstruc-
tions des bâtiments. Il ne faut pas s'en étonner : dans
la longue histoire de l'abbaye, l'école n'occupe
guère qu'un demi-siècle, et elle se résume dans
deux noms : le bienheureux Lanfranc et saint
Anselme (1).

Lorsque Lanfranc, délivré des brigands, rencontra Herluin, il désirait seulement, de la vie mona-

(1) Lanfranc se fit moine en 1047 ; Anselme fut nommé
archevêque de Canterbury en 1093, quitta son siège en 1098,
à cause des exactions de Guillaume le Roux, et revint au Bec
où il put reprendre ses leçons (Eadmer : Vita Anselmi).

cale, le silence et la prière. Herluin, aidé du moine Roger, bâtissait un four. Quand il eut entendu de la **bouche** de Lanfranc le « monachus fieri volo », il fit lire au nouveau venu la règle de saint Benoît : alors Lanfranc, en signe d'acceptation et de soumission, baisa, à travers la gueule du four, les pieds du vénérable Herluin (1).

Trois ans entiers il resta solitaire et inconnu. Un jour même qu'il lisait au réfectoire, l'abbé le reprit, à tort du reste, sur la prononciation d'un mot. Lanfranc obéit. Il n'estimait pas, dit le biographe, que ce fût un crime d'allonger une syllabe brève ou d'abréger une syllabe longue, mais il savait qu'on doit plus d'obéissance à Jésus-Christ qu'au grammairien Donat.

Il avait laissé à Avranches et remis aux soins d'autres maîtres, ses disciples qui l'avaient suivi d'Italie : Il renonçait à l'enseignement, estimant déjà que tout est vanité. Et cependant il devait fournir une si belle et si féconde carrière ! Mais pour remédier un peu à l'extrême pauvreté du monastère, il fonda une école où vinrent des enfants et quelques jeunes clercs des environs. Ce furent de modestes débuts, suffisants toutefois à répandre dans toute la région la renommée de son savoir et

____

(1) Mil. Cresp.: « at ille per os furni procidens in faciem, osculatus est pedes ejus. »

de son habileté. En même temps, souvent consulté, il faisait preuve d'une grande sagesse dans les affaires litigieuses d'administration et d'écono-mat (1).

Herluin l'avait chargé de la discipline intérieure, et voyait en lui l'aide et le successeur qu'il n'avait jamais cessé de demander à Dieu. La paresse et la grossièreté de quelques moines rebutaient Lanfranc et furent bien près de le décourager. Il avait résolu de vivre en ermite et s'était habitué à ne manger que des herbes amères, mais Herluin eut une vision : son neveu, un charmant jeune homme, mort depuis peu, lui apparut et l'avertit du prochain départ de Lanfranc. Les larmes et les prières arrêtèrent ce projet.

Tel est le récit de Milon Crespin. Quoiqu'il en soit, la renommée grandissante de Lanfranc, les amis que comptait Herluin parmi la noblesse normande, la bonne direction du monastère, amenèrent au Bec un grand nombre de jeunes gens désireux de s'instruire, et dont plusieurs furent plus tard assez illustres pour que l'on puisse affirmer, sans aucune exagération, que cette abbaye fut, pendant un demi-siècle, un des plus importants

(1) Mil. Cresp. : « præsidium erat suis contra iniquos exac-tores, ad tractanda causarum sæcularium negotia, et dispo-nenda exteriora peritissimus. »

centres d'études de toute l'Europe. Il y eut autant
d'élèves étrangers que de moines: une centaine,
pendant la vie d'Herluin (1); on peut donc évaluer
approximativement les disciples de Lanfranc, y
compris ses frères en saint Benoît, à deux cents.
Il n'était pas seul à les instruire, car il groupa autour de lui des maîtres savants, et en forma lui-
même, mais il avait la direction des études, et
c'était pour lui, pour la renommée de sa parole, de
sa science et de sa bonté, que ces élèves étaient
venus d'Allemagne, d'Italie, de l'Espagne et de la
Gascogne, de l'Angleterre, de tous les points de la
France. Autour du monastère, on avait construit, à
la hâte, des bâtiments pour loger les élèves. D'autres bâtiments étaient dispersés dans les hameaux
d'alentour, la Chambrerie, les Granges, Pont-
Rochette, dont les noms reviennent souvent dans
les chroniques (2). La renommée de Lanfranc et
d'Anselme, l'éclat de leurs controverses, attirèrent
aussi au Bec une foule d'étrangers qui, sans être
des élèves assidus, voulaient cependant voir de
près de tels maîtres. Enfin, il n'est pas douteux que

(1) Guill. de Jum., IX, 6.

(2) Ces hameaux étaient tout à côté du monastère où enseigna Lanfranc. Lorsqu'on habita pour la première fois le nouveau monastère, au pied du village du Bec, sur l'emplacement
occupé aujourd'hui par le haras, c'est-à-dire en 1073, Lanfranc
était abbé de Caen.

lorsque Lanfranc fut le conseiller officiel de Guillaume le Conquérant, des courriers furent échangés habituellement entre le Bec et Caen ou Rouen. Ces lieux, aujourd'hui si calmes, étaient pleins d'animation. Quand Herluin mourut, il pouvait déjà prévoir que, pendant plus d'un siècle, l'abbaye fournirait la Normandie et l'Angleterre d'hommes de lois, d'hommes politiques, de prélats, dont l'autorité serait reconnue dans toute l'Europe.

Malgré l'humilité dont il s'entourait, Lanfranc était arrivé en Normandie précédé d'une grande réputation de savant que lui avaient faite, à son insu, ceux de ses disciples italiens qui n'avaient pu se résoudre à l'abandonner. Il s'était arrêté, dans son long voyage, à Tours, et le célèbre Bérenger, sophiste plus que savant, à moitié comédien, faisant profession de disserter « de omni re scibili », l'avait provoqué à une argumentation publique qui fut tout à l'honneur de Lanfranc et qui eut un grand retentissement.

De tous les disciples du Bec, le plus illustre, pour la dignité qu'il obtint, dans des temps particulièrement troublés, fut Anselme de Badagio, qui suivit Lanfranc de Pavie en Normandie, retourna en Italie en 1054, fut nommé évêque de Lucques, et, en 1064, pape. Les constitutions fameuses qu'il fit publier à Milan, en 1067, par ses deux légats, sur la discipline ecclésiastique, ont plusieurs points de ressemblance avec des c. nstitutions analogues de Lanfranc, et il est très légitime d'y voir l'influence du maître.

Mais le disciple de génie fut saint Anselme. L'autorité de ce grand nom nous dispense de dire quelle influence il exerça sur son temps, et quelle place il occupe encore, alors que tant d'idées ont été renouvelées, dans l'histoire des progrès de l'esprit humain. Résolu à suivre la discipline de quelque maître illustre, il songea d'abord à l'abbaye de Cluny, plus proche de son pays natal, mais la réputation du Bec l'attira. Les conseils de Lanfranc et de Maurille, évêque de Rouen, le décidèrent à la vie monastique. Il prit l'habit en 1060, à l'âge de 27 ans. Successivement élève de Lanfranc, prieur, abbé du Bec, archevêque de Canterbury, il revint quelques années au monastère, et il y composa ses plus fameux ouvrages : le Monologue, le Traité de la Trinité, le Traité du Libre Arbitre. Il eut avec Lanfranc une correspondance suivie, sur des points de discipline et d'ascétisme. La dernière lettre peut-être que Lanfranc reçut, à son lit de mort, était de l'illustre et fidèle disciple qui lui annonçait sa douleur, et les prières de tous les moines du Bec pour sa guérison. Il lui avait précédemment envoyé

____

(1) Epistol. Anselmi. II, 53.

le manuscrit de son Monologue (1), se soumettant
d'avance à ses critiques et à ses corrections. Il
passa plusieurs fois la mer pour aller conférer avec
lui en Angleterre. Il écrivit de Lanfranc un éloge
funèbre en cinquante hexamètres dactyliques, très
curieux, d'un rythme assez pur, avec homophonie,
de deux en deux vers, de la dernière syllabe et de
la pénultième (2).

Les noms d'Alexandre et de saint Anselme suf-
firaient à la gloire de Lanfranc, mais beaucoup
d'autres hommes illustres dont les ouvrages sont
perdus, ou qui eurent une influence considérable
dont nous ne pouvons plus juger parfaitement, suivirent ses leçons : Yves de Chartres ; Gilbert Crespin (3),
plus tard abbé de Westminster ; Guillaume, abbé
de Cormeilles ; Henri, plus tard doyen du Chapitre

______

(1) D'Achery : Spicilegium, III, p. 121. Anselme appelle
Lanfranc « singularem meum consiliarium », et il lui envoie le
manuscrit : « ut ejus auctoritate aut inepta a conspectu prohi-
beatur, aut correcta volentibus præbeatur. »

(2) Exemple : « levamen » « et juvamen », cultor, ultor : orat,
laborat ; cinq ont une césure au cinquième pied ; vingt se ter-
minent par des mots de quatre ou cinq syllabes.

(3) D'Achery a imprimé, à la suite de la Vie de Lanfranc,
l'histoire et la généalogie des Crespin. C'est une famille de
chroniqueurs. Gilbert écrivit la vie d'Herluin ; Milon, celles
de Lanfranc et de Guillaume, Boson, Théobald et Létard,
abbés du Bec. Dans les Archives du Calvados, il y a une pièce
scellée du sceau de Jean Crespin, baron du Bec-Crespin (1451),
maître des eaux et forêts.

de Canterbury ; le vénérable Gondulphe ; Guitmond, dans la suite évêque-cardinal d'Aversa (1) ; Jean, évêque d'Avranches, puis de Rouen (2). Lanfranc, promu aux honneurs, se souviendra de ses élèves (3). Il les appellera en Angleterre, il en fera ses auxiliaires dans sa conquête pénible de la vieille église saxonne. Herluin se mit aussi, sans aucun doute, à son école, car, absolument ignorant, ne sachant ni lire, ni écrire, c'est à quarante ans qu'il commença d'étudier. On vit également témoigner d'une ardeur inattendue pour l'étude, et s'installer au Bec, avec une curiosité et une naïveté demi-barbares, quelques seigneurs normands surtout habiles à manier l'épieu et le glaive. Il parait bien que Lanfranc n'était pas toujours condescendant pour leur ignorance. Un certain Hersaste, de l'entourage immédiat de Guillaume le Bâtard, vint à l'abbaye. Il ne savait absolument rien, pas même lire. Lanfranc lui fit donner un abécédaire, et se moqua de lui.

(1) Auteur du « de Corporis et Sanguinis veritate in Eucharistia », traité dirigé contre Bérenger, et qui n'est que l'écho direct des leçons de Lanfranc.

(2) Guill. Jum., VII, 38 : « sapientia spirituali feliciter imbutus, prudentia sæculari summe præditus. »

(3) Sur les autres moines célèbres du Bec, voir t. VII, Histoire littéraire de la France. Il faut citer (mais postérieurement à Lanfranc) : l'érudit Osbern ; le commentateur des Saintes-Écritures Willeram de Bamberg ; l'historien Eadmer.

Les railleries furent rapportées au duc qui en conçut de l'irritation.

Quel était donc l'enseignement donné au Bec ? Je dirais volontiers que, selon l'usage du temps, on y devait disserter « de omni re scibili », parce que les sciences n'étaient point alors classées et distinctes. Les chroniqueurs nous disent que la théologie y tenait la plus grande place, mais à la théologie se rapportaient toutes les connaissances : le droit, la jurisprudence, la grammaire, l'éloquence, les sciences naturelles. Un mot revient sans cesse : la dialectique, c'est-à-dire l'essai de la forme syllogistique qui fut dans l'âge suivant la méthode et le triomphe de la scolastique. De quels sophismes et de quelles arguties cette dialectique se parait trop souvent, il suffit, pour s'en convaincre, de lire les ouvrages d'Anselme et de Lanfranc : De grandes pensées, mais qu'on ne sait exploiter ; le raisonnement à vide, la logique frappant l'air, remplaçant parfois l'autorité d'un grand nom et l'autorité des faits, le « Magister dixit », et le document. Il est manifeste que l'esprit fait des efforts énormes, mais que le « substratum » des preuves manque, et que les réalités se dérobent. Cependant, parce que toutes les connaissances sont mieux reliées, et parce que les esprits ne sont pas isolés chacun dans sa sphère, mais travaillent solidairement, je ne crois pas qu'il y ait plus d'efforts perdus dans le labeur intellectuel de cette époque, que dans le labeur de notre temps.

La querelle des nominalistes et des réalistes agitait tous les esprits et se mêlait à tout. Au dire de Roscelin, Lanfranc aurait été nominaliste. Mais saint Anselme (1) défendait son maître avec beaucoup de vigueur. Quand une question est discutée passionnément, les esprits les plus sérieux y laissent souvent quelques lambeaux de leur orthodoxie. Il est en tout cas indiscutable que Bérenger n'eut pas d'adversaire plus acharné que Lanfranc, qui ne se contenta point d'écrire un Traité contre lui (2), mais l'empêcha de séduire à son erreur Guillaume le Bâtard, passa les Alpes et vint à Rome pour saisir le pape de l'affaire, fut l'âme de la conférence de Brionne, où Bérenger ne sut que répondre, et poursuivit l'hérésie jusqu'aux conciles de Verceil et de Paris, faisant de l'abbaye du Bec tout entière une véritable citadelle de la foi. Or, Bérenger qui enseigne que le corps de Jésus-Christ est dans l'Eucharistie, par similitude et figure, « intellectuellement », est évidemment nominaliste.

(1) Ans.: Epist. II, 41.
(2) « Liber de Corpore et Sanguine Domini contra Berengarium. » V. aussi Bibliothèque des Pères de Margarin de la Bigne, t. XVIII, et la Préface de Mabillon : Acta ord. Sanct. Bened., VI^{um} Sæcul., pars II^a.

La « glose », c'est-à-dire l'enseignement par le moyen d'un texte, sous forme de « commentaires », était la méthode généralement adoptée par les maîtres du temps. Il paraît bien que ce fut la méthode de Lanfranc, car dans le petit nombre d'ouvrages qui nous restent de lui, deux sont des gloses : le Commentaire sur les Épîtres de saint Paul, et les Annotations sur Jean Cassien (1). Robert du Mont nous dit que Lanfranc corrigea avec le plus grand soin les textes corrompus de la Sainte Écriture et des Pères (2). Du temps du moine d'Achery, on voyait encore au monastère bénédictin de Séez, les dix premières conférences de Cassien, corrigées « ad unguem » de la main de Lanfranc, avec cette note marginale : « hucusque ego Lanfrancus correxi » (3). Il lisait beaucoup, disent les biographes ; aussi fonda-t-il au Bec une bibliothèque qui fut l'une des plus vantées de l'époque.

(1) Commentarium in Epistolas Pauli ; — Annotationes in nonnullas Joannis Cassiani Collationes Patrum. Cassien (IVᵉ siècle), moine de Béthléem, visita pendant sept ans les solitaires d'Égypte, et consigna ses observations dans ses Instituts et ses Conférences. — Dans le même genre d'ouvrages, d'Achery cite, de Lanfranc, comme perdu : « Commentarium in psalmos. »

(2) Chroniq. ad an. 1089.

(3) Lanfranc en avait corrigé 17 ; le manuscrit de 11 à 17 était perdu.

De quels ouvrages était-elle composée ? Aucun témoignage direct ne nous l'apprend, du moins pour l'époque même de Lanfranc. Willeram de Bamberg félicitant Lanfranc (1) d'avoir abandonné l'ancienne dialectique et d'argumenter sur les Livres Saints, on peut croire que de nombreux écrits des Pères sur l'Ancien et le Nouveau Testament, devaient être réunis au Bec. Parlant de l'érudition de Lanfranc, d'Achery dit (2) qu'il cite constamment saint Augustin et saint Ambroise, deux ou trois fois saint Jérôme et Grégoire le Grand. Nous avons, pour notre part, compté 137 citations de saint Ambroise, et 148 de saint Augustin : nous disons 137 citations de saint Ambroise, mais non compris le Commentaire sur les Épîtres de saint Paul, car Lanfranc y cite sans cesse saint Ambroise ; or, pas une seule des paroles citées n'a pu être retrouvée, ce qui permet de croire qu'on possédait alors au Bec quelque ouvrage de saint Ambroise, aujourd'hui perdu (3).

(1) Paraphrase du Cantiq. des Cantiq. (préface). C'est une paraphrase en vers hexamètres, accompagnée d'un Commentaire anonyme du Cantique. Cf. : « Hist. poet. et poem. medii ævi », par Polycarpe Leyser. Magdebourg, 1721.

(2) Œuvres de Lanfranc, préface.

(3) A la vérité on retrouve des citations, non pas identiques, mais ressemblantes, et traduisant la même pensée, dans les Homélies. C'est que saint Ambroise lui-même faisait allusion à l'un de ses ouvrages et reproduisait ses propres pensées. On

Aux écrits des Pères, il faut ajouter quelques ouvrages de discipline ecclésiastique et d'ascétisme, et quelques ouvrages des lettres latines : mais de vagues allusions aux Topiques de Cicéron et à Platon (c'est une phrase du « Timée » citée d'après le XIIIe livre de la Cité de Dieu de saint Augustin), un vers de Virgile, peuvent venir de seconde main (1). Chose plus curieuse : il n'y a dans les ouvrages de Lanfranc aucune allusion au droit romain : le moine du Bec ne se souvenait plus qu'il avait été professeur de droit, que pour diriger en habile avoué les intérêts matériels de la communauté.

Certainement Lanfranc ne connaît pas Aristote. Pas un seul détail ne laisse supposer qu'il lise le grec. Nous estimons qu'on peut en déduire une preuve sérieuse en faveur de l'averrhoïsme. Cette thèse (2) affirme que les scolastiques de la grande époque ne connurent Aristote que par une traduction latine d'une traduction arabe d'Averrhoès (mort en 1198), et entachée d'erreurs qu'ils acceptèrent ; on a réfuté les conclusions de cette

comprendra qu'il peut y avoir là le sujet d'une thèse de théologie, mais que nous ne pouvons pas ici étudier cette question.

(1) Charma : Philosophes normands ; Lanfranc.
(2) Renan : Averrhoès et l'averrhoïsme. Paris, 1860.

thèse (1), et il est assez aisé de comprendre que, contrôlant toutes choses sur le témoignage des Écritures, de la Tradition et des Pères, Albert le Grand et saint Thomas se débarrassèrent des erreurs d'Averrhoès. Il n'en demeure pas moins vrai qu'au seuil du siècle de la scolastique, un des plus grands esprits du temps ignore Aristote. Peut-être cependant Lanfranc n'ignorait-il pas le grec, car on ne l'ignorait pas de son temps. La Bibliothèque d'Avranches possède un manuscrit latin du XIe siècle qui, après le traité « De la Musique » de Boèce, donne quelques phrases de conversation usuelle en latin, avec une traduction juxtalinéaire, en grec moderne, écrite en majuscules.

Avec quelques volumes des Pères, de discipline et d'ascétisme, de liturgie, quelques volumes de jurisprudence, les œuvres des premiers apologistes, on atteint rapidement le total de 160 volumes, dont les chroniqueurs nous disent que se composait la bibliothèque du Bec à l'époque de Lanfranc : chiffre énorme pour l'époque. Il semble même que Lanfranc ait créé une école de moines

---

(1) Revue du Monde catholique, p. 361 et sq.q.; 546 et sq.q. du t. IX de la Collection. De même qu'il y a des nominalistes orthodoxes, nous pensons que l'orthodoxie doctrinale est très conciliable avec le fait de n'avoir connu Aristote que par la traduction d'Averrhoès entachée d'erreurs, si l'on a pour contrôler ces erreurs, le texte de la Sainte Écriture.

copistes, et qu'il ait donné à l'abbaye du Mont Saint-Michel plusieurs copies (1). Un bibliothécaire était préposé à la garde des précieux volumes, et dans les décrets concernant l'ordre de saint Benoît, Lanfranc lui adresse les recommandations les plus minutieuses (2). Dans tous les couvents bénédictins, la transcription des manuscrits était ordonnée par la règle, et au XIIe siècle plus de 40,000 moines s'y livraient dans toute la France. Ils y employaient souvent le temps de leur frugal repas : de là le nom de « collations » donné à ces légères réfections. Le choix de l'emplacement de la bibliothèque et de la salle des copies était minutieusement désigné. Le bibliothécaire (« armarius », « custos ») était nommé parmi les moines les plus fervents. Défense lui était faite de vendre, engager, prêter les livres.

En 1163, Philippe d'Harcourt donna 140 manuscrits à l'abbaye du Bec (3), qui fut ainsi en possession d'une bibliothèque que les rois les plus puissants pouvaient envier. Nous en avons le catalogue (4).

(1) Biblioth. d'Avranches.
(2) « Decreta pro ordine Sancti Benedicti. »
(3) Dom Bernard de Montfaucon : Bibliotheca Bibliothecarum manuscriptorum. 2 in-fol., 1739, t. II, p. 1250 et suiv.
(4) Biblioth. d'Avranches : « Tituli librorum Beccensis armarii » (ms. XIIe s.) inséré par Ravaisson dans : Rapports sur les bibliothèques des départements de l'ouest, 1841. Il est inscrit sous le numéro 159.

C'est un très curieux catalogue, qui ne provient pas sans doute de l'abbaye du Bec elle-même, mais de l'abbaye du Mont Saint-Michel-en-péril-de-mer. En effet, les monastères dressaient soigneusement la liste de leurs volumes, et l'envoyaient à d'autres monastères, ce qui facilitait les recherches et la collation des manuscrits. Ce catalogue paraît avoir été transcrit dans le volume pour utiliser quelques feuillets libres (1). Bien qu'il énumère quelques ouvrages qui n'arrivèrent dans l'abbaye que postérieurement à Lanfranc, il nous renseigne aussi exactement que possible sur les études du Bec.

La bibliothèque possédait donc : trente-cinq ouvrages de saint Augustin, particulièrement le traité des « Soins à donner aux morts », si souvent reproduit dans les manuscrits de l'époque ; six ouvrages de saint Grégoire le Grand ; trois d'Origène ; douze de saint Jérôme ; quatre de saint Ambroise ; cinq de saint Isidore ; d'autres de Tertullien, saint Cyprien, saint Fulgence, saint Athanase, saint Jean Chrysostome, saint Denis l'aréopagite. De ce der-

---

(1) Le manuscrit renferme les Chroniques d'Eusèbe, de Sigebert, de Robert du Mont. Il a 238 feuillets. Les Chroniques commencent au feuillet 5ᵉ. C'est au 2ᵉ que se trouvent les « Titres des livres que donna Philippe, évêque de Bayeux, à l'abbaye du Bec », et les « Titres des livres de l'église du Bec. » Ce catalogue est écrit sur deux colonnes par page ; lignes réglées en noir ; initiales en couleur.

nier, nous mentionnerons le traité de la « Hiérarchie angélique », sans cesse recopié dans les
abbayes. Les ouvrages de Lanfranc et d'Anselme
(nous prions le lecteur de ne pas oublier que ce
catalogue est du XIIe siècle) se rencontrent, quelques-uns en plusieurs exemplaires (1).

Ces titres ne nous offrent assurément rien d'inat-
tendu. Aussi la partie des « Lettres profanes » est-
elle bien plus curieuse.

Nous voyons en effet les Histoires d'Orose et
de Trogue-Pompée ; les Antiquités judaïques de
Josèphe ; un traité contre les Juifs (contra Judeum)
de Gilbert Crespin, l'auteur de la vie d'Herluin ; des
extraits de Quintilien : les Saturnales de Macrobe ;
des commentaires sur les Topiques de Cicéron ;
un commentaire du diacre Calcidius sur trois pro-
positions de Platon ; les œuvres d'Ovide complètes,
à l'exception des Fastes ; un traité de Grégoire de
Tours (?) sur la Création ; et de Sénèque : le Traité
des Moyens de conjurer les hasards.

Les ouvrages de sciences se réduisent aux « questions naturelles » de Sénèque ; à une géométrie et
une arithmétique de Gilbert ; et à un « Songe de
Scipion mis en musique par Macrobe » (2).

Le catalogue ne mentionne pas les Bibles, Vies

(1) L' « Elucidarius » que nous croyons être de Lanfranc,
est cependant cité sans nom d'auteur.
(2) « Musica Macrobii super somnium Scipionis. »

des Saints, ouvrages de spiritualité et de liturgie, que l'on trouvait dans toutes les abbayes. Je crois qu'il faut le considérer comme le catalogue d'ouvrages très rares ou peu répandus, ceux précisément que pouvaient avoir intérêt à consulter les monastères de la région. Notre lecteur aura certainement été frappé de ne voir dans cette liste le titre d'aucun ouvrage de droit et de jurisprudence. C'est un fait que nous pouvons d'autant moins expliquer qu'à la même époque les Digestes et les Institutes sont, en plusieurs exemplaires, dans d'autres abbayes, notamment à Jumièges et à Saint-Michel, et que si Lanfranc avait entièrement abandonné les études de droit, il avait cependant dû donner au monastère les livres qu'il avait apportés d'Italie en France.

Au XVIIIe siècle, au témoignage de Bernard de Montfaucon, on conservait, dans la sacristie du Bec, un Évangéliaire couvert de lames de cuivre argenté, manuscrit in-4° de la fin du IXe siècle, qui servait au supérieur, à nocturnes, et au diacre, à la messe; un Lectionnaire du Xe siècle, pour la semaine de Pâques; à la fin du volume étaient transcrites quelques homélies d'Origène, Fulgence, saint Ambroise, Isidore et saint Jérôme. Voilà deux livres qui servirent certainement à Lanfranc. A la même époque, on avait encore un Obituaire en huit petits volumes de papier (c'est à partir du XIe siècle que le vélin commença à être remplacé par le papier). Au XVIIIe siècle, la Bibliothèque des manuscrits du Bec comptait 221 numéros (1). On y trouve un Digeste, le Roman de la Rose, Quintilien, Cicéron, Aristote, Josèphe, Hermès Trismégiste, les Lettres de Pline le Jeune, Grégoire de Tours, l'abbréviation des « Morales » du pape Grégoire, par Odon, abbé de Cluny. Ce qui frappe, c'est la grande quantité d'Extraits, sous les noms de « flosculi », « sententiæ », « sermones », « excerpta » : on a peu de livres, on reprend chacun d'eux de mille manières.

A l'époque de Lanfranc, non loin du Bec, à Jumièges, existait une école d'enlumineurs célèbres (« babuinatores »). Tandis qu'au Bec, tous les efforts se portaient sur l'exactitude des textes, et qu'on demandait même aux monastères voisins des manuscrits, pour comparer les différentes leçons, les moines de Jumièges rivalisaient de délicatesse et d'imagination, dans la décoration, la reliure et l'enluminure des manuscrits. La Bibliothèque de Rouen reçut en 1792, quand les bibliothèques des couvents furent saisies, 362 manuscrits de Jumièges, 75 de Saint-Wandrille, et 95 de Fécamp. Ceux de Jumièges sont des plus beaux de toute l'Europe. On aime

(1) Ne pas confondre « numéros » ou « volumes » et « ouvrages » : un même numéro, c'est-à-dire le même volume renferme souvent plusieurs ouvrages de nature très différente.

à penser que l'abbaye du Bec avait aussi des Pontificaux, des Graduels, des Psautiers, des Évangéliaires, des Bénédictionnaires, des Légendes des Saints, des Lectures pour les fêtes des Saints, des Décrétales et des Opuscules des Pères, qui n'étaient pas trop inférieurs à ces merveilles de calligraphie, et il n'est pas téméraire de supposer que ces sortes de cadeaux s'échangèrent entre les deux abbayes (1).

Si actives qu'aient été les études dans l'abbaye du Bec, nous rappellerons ici ce que nous avons dit dans la Préface. Lanfranc n'est pas un spéculatif; il propage la science pour le bien social et moral qu'elle peut procurer, et prieur du Bec, il s'en sert comme du moyen le plus efficace de maintenir la discipline et la régularité, en absorbant les pensées des moines. Le rétablissement de la discipline fut au Bec, comme à Canterbury, son principal

(1) Toutefois la Bibliothèque de Rouen ne possède aucun manuscrit provenant de l'abbaye du Bec, et, malgré toutes nos recherches, nous n'avons pu arriver à savoir où le dépôt de cette abbaye avait été transporté. Il est à craindre que les livres aient été dispersés. Bien que ce soit en dehors de notre sujet, nous mentionnerons dans le fonds de Jumiéges: un Évangéliaire du XIIᵉ siècle, aujourd'hui dépouillé de ses incrustations d'or et de pierres précieuses; un Pontifical de l'église de Saint-Malo (Xᵉ siècle): le fameux Livre d'Ivoire (Codex Ehburneus), ainsi nommé de ses incrustations; le Bénédictionnaire anglo-saxon (XIᵉ siècle); le Missel anglo-saxon (XIᵉ siècle); les Collections des Décrets des Papes (XIIᵉ siècle).

souci. C'est un grand religieux, administrateur
consommé, avant d'être un philosophe. Les contemporains ne s'y sont pas trompés. Milon Crespin
l'a loué d'avoir relevé la vie religieuse tombée presque à la corruption de la vie laïque. Si Guillaume
de Malmesbury dit que sa science brille dans ses
disciples, le premier éloge qu'il lui adresse est celui
de son habileté (1). De tous les historiens et chroniqueurs qui ont parlé de lui, aucun n'a omis sa
grande influence sur la discipline religieuse. Il
n'était jamais dur et, chaque fois qu'un inférieur
l'abordait, il se composait un visage aimable, mais
il était vigilant, minutieux, prévoyant les détails et
réclamant l'obéissance aux règles les plus petites.
Nous en avons la preuve dans ses décrets (2) pour
l'ordre de saint Benoit, où il énumère toutes les
charges, tous les offices et emplois du monastère,
avec une abondance véritablement curieuse de détails, et souvent heure par heure.

Dans un fragment (3) de quelque discours ou

‌(1) De Pontif. angl., fol. 122 : « Cujus industriam prædicabit
Kantia, cujus doctrina in discipulis ejus stupebit Latinitas,
quantum omnes anni durabunt. »

(2) « Decreta pro ord. Sancti Bened », et, parmi les ouvrages
perdus, d'Achery mentionne des Épîtres décrétales qui trai-
taient évidemment de la discipline.

(3) Dans le « Spicilegium », t. II, sous le titre « sermo sive
sententiæ Lanfranci. »

traité de spiritualité, aujourd'hui perdu, il rappelle les grandes règles de la clôture, de la pauvreté, du silence, de l'obéissance, de la confession régulière ; et il donne des conseils sur l'oraison, la sobriété, la communion fréquente.

Au milieu de la race dure et violente des Normands, Lanfranc brilla donc autant par son autorité morale que par son autorité doctrinale. Ce fut l'homme complet qui, partout où il passait, dissipait les ténèbres, disciplinait, organisait, révélait aux âmes anxieuses leur vocation.

Pour la théologie et la philosophie, c'est à Pierre Lombard qu'il faut le comparer. Un siècle avant le Maître des Sentences, il a donné un cours à peu près complet de théologie (1). Ce n'est pas la sûreté de méthode d'Albert le Grand et de saint Thomas d'Aquin ; sur certains points, la doctrine définitive n'est pas encore dégagée des controverses ; les ressources des Pères et de la Sainte Écriture ne sont pas toutes utilisées. Cependant, les ouvrages de Lanfranc sont une date, parce qu'ils sont l'un des premiers essais de fusion et de coordination des dogmes. Lorsque Pierre Lombard

____

(1) En effet, outre le traité de l'Eucharistie, il a écrit : « de Celanda confessione libellus », et « Elucidarium sive dialogus de summa totius Christianæ theologiæ. »

Ce dernier n'est pas admis par tous comme authentique.

traite la question du sens réel de la sainte Eucharistie, il s'inspire manifestement de Lanfranc, et, pendant toute la durée du moyen âge, le prieur du Bec a gardé l'autorité d'un ancêtre.

Ce qu'on ne saurait trop regretter, c'est la perte de deux ouvrages de Lanfranc : une histoire ecclésiastique, et une vie de Guillaume le Conquérant (1). Nous n'y retrouverions pas le pittoresque d'Orderic Vital et le charme naïf de Guillaume de Jumièges, mais que de difficultés, auxquelles nous allons nous heurter, seraient débrouillées si nous avions l'histoire de Lanfranc écrite et interprétée par lui-même ! Son style, s'il manque de saveur, est toujours vif, alerte, précis, assez varié ; c'est le style d'un homme d'affaires plutôt que d'un écrivain, et cependant le souci du « bien dire » se trahit aux recherches des antithèses et des allitérations. Une histoire écrite par Lanfranc, outre l'intérêt du fond, chez un homme qui avait traversé tant de pays et tant agi, ne serait sans doute inférieure à aucune de ces copieuses et brillantes chroniques qui sont la meilleure part de la gloire littéraire de l'époque.

---

(1) Sixtus sinensis : Bibliotheca. — De plus, d'Achery cite ces deux ouvrages : « Historiam ecclesiasticam adhuc cum tineis uspiam rixantem. — Vitam Gulielmi Conquistoris. »

Il n'est pas possible d'admettre que Lanfranc ait dirigé plus de quinze ans l'école du Bec. C'est une somme rare d'efforts, puisque Lanfranc dut pourvoir à tout. On pourrait s'étonner cependant de le voir quitter son monastère sans trop de regrets, s'il n'avait été le premier à comprendre que de telles universités, en pleine campagne, loin des grandes villes, pouvaient devoir d'éclatants succès à quelques personnalités, mais ne deviendraient jamais des institutions capables de rivaliser avec les universités qui se fondaient, à la même époque, dans les villes. La jeunesse y trouvait peu d'occasions à sa turbulence, et les « ribaudes » manquant autour des murs de l'abbaye, les « honnestes damoiselles » couraient, dans tous les alentours, des risques plus ou moins involontaires. Les parents firent entendre des plaintes criantes aux oreilles de l'abbé. Pour de tels méfaits, les écoliers pétulants connurent les rigueurs de la prison abbatiale. Au reste, la population s'intéressait forcément aussi peu à l'école, que beaucoup aux travaux agricoles et aux œuvres charitables des monastères. L'école aurait pu être le rendez-vous des moines particulièrement désireux de s'instruire, mais que d'autres écoles célèbres dans les monastères de Saint-Évroul, de Jumièges, de Saint-Michel et d'Avranches ! Précisément ce que voulait Lanfranc, c'était multiplier ces écoles et non pas tout ramener à l'école du Bec. Il voulait donner l'impulsion, et c'était bien le meilleur service à rendre à la société, s'il est vrai qu'alors le dernier obstacle à la civilisation était l'inertie.

CHAPITRE IV.

LES PREMIÈRES RELATIONS DE GUILLAUME, DUC DE
NORMANDIE, ET DE LANFRANC.

—

SOMMAIRE. — Caractère de Guillaume, duc de Normandie. —
Son attention est attirée par la renommée de l'abbaye du Bec.
— Autorité, auprès des Normands, des hommes versés dans
l'étude du Droit. — Amitié entre Guillaume et Lanfranc. —
Lanfranc négocie à Rome le mariage du duc et de Mathilde.
— Idées de Lanfranc sur la conquête de l'Angleterre, qui est
projetée. — Il est nommé abbé de Saint-Étienne de Caen.

Lorsque Lanfranc entra au pauvre monastère
d'Herluin, les Normands avaient, depuis 135 ans,
reçu, par le traité de Saint-Clair-sur-Epte, un asile
définitif sur le sol de la Gaule. Ils s'étaient adoucis
au contact des mœurs de l'ancienne Neustrie,
avaient pacifié le pays par une police sévère, ré-
paré les propres ruines qu'ils avaient amoncelées,
bâti des églises, des hospices. Ils étaient alors gou-
vernés par le jeune duc Guillaume (né en 1027),
bâtard de Robert et de la belle Arlette, fille d'un
pelletier de Falaise.

Il n'avait que sept ans quand il succéda à son
père, mort en Terre-Sainte, et sans l'aide du roi
de France, il n'aurait pu défendre, contre des comtes

entreprenants, le blason aux trois lions. Plus tard,
il avait guerroyé lui-même dans l'Anjou et le Co-
tentin. Violent, aventureux, vindicatif jusqu'à l'atro-
cité, il était généreux à ses amis, bon au pauvre
monde, charitable envers les monastères et les
églises, astucieux toujours et dissimulateur, aimant
l'apparat, administrateur vigilant qui parcourait
son duché en chasseur acharné et en redresseur de
torts : mélange de politique, de barbarie et de chevalerie, sentant frémir sous lui l'âme de son peuple
qui rêvait encore d'incursions et de pillage, mais
avec le génie de comprendre que ce peuple qui
n'avait pas encore donné la mesure de sa force, ne
pouvait, avant un siècle, poursuivre qu'un seul
idéal : celui de la conquête. C'est ainsi que, dans le
bronze, le statuaire l'a représenté à Falaise : il épe-
ronne son coursier, il le lance en avant; un vent
d'outre-mer fait flotter pêle-mêle autour de sa haute
stature son oriflamme, son manteau et les harna-
chements du cheval : c'est le vent venu des côtes
de l'Angleterre.

On comprend quel intérêt nous aurions à connaître le récit de la première entrevue de Guillaume
et de Lanfranc, tout au moins à savoir précisément à la suite de quelles circonstances et de quels
pourparlers ils se rencontrèrent pour la première
fois. Aucun chroniqueur ne nous en parle : on
est donc réduit à des hypothèses, d'ailleurs faci-

les et, sans doute, très approchantes de la réalité.

Lanfranc vint en Normandie avec une réputation de jurisconsulte que ni son humilité, ni de nouvelles études de théologie et de philosophie, ne purent faire oublier. Les études de Droit furent toujours en honneur au Bec. De Roger, septième abbé, nous avons, ou plutôt on avait encore au temps de Dom Bernard de Montfaucon, un livre très curieux : c'est un Code, avec commentaires, à l'usage des pauvres ; le tout sur le plan du Code de Justinien (1). Quelles questions y pouvaient être traitées, on le conjecture facilement ; ce traité devait fournir aux petits un moyen d'échapper aux exactions des grands, et des arguments juridiques pour refuser de consentir à la vente forcée de leurs patrimoines. Il n'est pas téméraire de penser que la composition d'un ouvrage aussi spécial de jurisprudence suppose dans l'abbaye du Bec la préoccupation constante des études de Droit.

Or, tout le monde sait à quel point les Normands sont « processifs », aimant, dès ce temps et encore aujourd'hui, les « belles plaideries » et les longs procès, un peu plus qu'il ne conviendrait à leur tranquillité et à leur fortune. Aussi, les professeurs

(1) « Libri ex universo jure excerpti et pauperibus destinati : Sequitur ordinem Codicis Justiniani. » D. Bd. de Montfauc., op. cit.

de Droit jouissaient-ils, dans toute la Normandie, de privilèges considérables : noblesse personnelle, exemption du droit de franc-fief, titre de comte au bout de vingt ans d'exercice, robe écarlate (1). Ils fournissaient d'ailleurs les premières charges de la Cour. Tous les historiens ne manquent pas de nous dire que Lanfranc était, en matière de droit, le plus utile conseiller, et que sa science juridique protégeait souvent ses amis et ses frères les moines, contre les procédés violents. Sa renommée vint bientôt aux oreilles de Guillaume qui voulut effectivement se l'attacher comme un habile conseiller d'affaires (2). D'ailleurs, il entendait sans cesse parler de cette abbaye du Bec fondée par un fils de Vidame, fréquentée et enrichie par les nobles de sa cour, placée presque sur la route, qu'il suivait si souvent de Rouen à Caen, et qui attirait dans son duché des personnages venus de tous les points de l'Europe.

Lanfranc avait de plus, dans toute la Normandie, une réputation de dessinateur et d'architecte qui devait fixer sur lui l'attention de Guillaume. Ce prince fut jusqu'à la fin un grand fondateur d'abbayes. Guillaume de Jumièges a consacré à ces fondations un chapitre entier (3). Lorsqu'à partir de

(1) Parker : Antiq. brit., fol. 126.

(2) « Summus consiliarius assumitur ab ipso Normannorum Duce » (Vit. Lanf.).

(3) VII, 22.

1060, Lanfranc fit reconstruire l'abbaye du Bec, on
s'intéressa vivement à ces travaux. Le duc lui demanda des conseils pour la disposition des édifices
profanes et sacrés qu'il élevait de tous côtés. Ces
conversations sur des points de détails fortifièrent
les rapports d'amitié qui déjà les unissaient, et
que Guillaume de Poitiers signale avec complai-
sance.

Toutes ces raisons ne sont pas négligeables,
mais nous croyons qu'il n'est possible de bien
expliquer cette confiance de Guillaume et de Lanfranc que par la conformité de certaines vues politiques. Guillaume préparait de longue main la conquête : il avait poussé les Normands à s'installer,
grâce à la faiblesse d'Edward, dans les postes les
plus influents de l'Angleterre ; il y était allé lui-
même, en 1051, faire un voyage en grand appareil,
et reconnaître ses forces. Il avait pu comprendre
alors que l'Église saxonne serait le plus ferme rem-
part de la nationalité saxonne, et que déjà les brus-
ques retours contre l'influence normande toujours
plus envahissante, avaient pour chefs des évêques.
En 1052, le roi Edward, favorable, quoique saxon,
aux Normands, et Godwin, représentant des idées
saxonnes, s'étaient réconciliés. L'archevêque de
Canterbury, un normand, avait dû se rembarquer
précipitamment pour venir mourir à Jumièges ; son
« pallium », oublié dans la fuite précipitée, avait

été ramassé par l'évêque de Winchester, Stigand, qui s'était fait nommer, par les suffragants, titulaire de Canterbury (1). Guillaume attentif ne laissait rien perdre de ces enseignements; il préparait déjà dans son esprit les noms des ecclésiastiques normands qu'il ferait venir en Angleterre, pour y remplacer, une fois achevée la conquête des armes, les ecclésiastiques saxons. Il est curieux de constater que, dans le même temps que Guillaume et Lanfranc, le futur archevêque de Canterbury, s'unissaient d'amitié, Odon, évêque de Bayeux, frère du Conquérant (2). donnait un canonicat de sa cathédrale à Thomas, le futur archevêque d'York (3).

Sans doute, Lanfranc n'était point normand d'origine, mais il était lombard, italien, et précisément pouvait paraître en cour de Rome un négociateur plus désintéressé. On sait que Guillaume se soucia de mettre le pape de son côté, qu'il y parvint, sinon en accusant Harold d'un faux serment sur les reliques, supercherie dont Rome ne put être dupe, du moins par les promesses de l'hommage et du denier de saint Pierre, qu'on s'efforcera plus tard de ne pas tenir, et qui occasionneront des pourparlers pénibles entre le Saint-Siège et l'archevêque

(1) C'est Stigand, dégradé sous des prétextes plus ou moins spécieux, que Lanfranc remplacera.

(2) Fils du comte Herluin et de la belle Arlette.

(3) Cf. de la Rue. Tome II.

Lanfranc. Assurément aucun fait ne pourrait avoir plus de force que cette coïncidence : le pape qui, en 1061, suspendit une première fois Stigand, et qui, en 1066, envoya à Guillaume, en signe d'investiture de la conquête, une bannière et un cheveu de saint Pierre, ce pape était Alexandre II, l'ancien élève de Lanfranc à Bologne et au Bec. On voit que Guillaume fut bien inspiré de faire venir le lombard en son palais, et de se l'attacher étroitement. Dans le clergé normand, bien peu ne poussaient pas à la conquête : les uns l'entrevoyaient comme une source de hauts bénéfices et de fortunes sans pareilles ; au moment de l'embarquement, quelques moines se firent promettre les plus riches évêchés. D'autres, en face des divisions et de l'affaissement de la race saxonne, voulaient lui substituer une race plus forte ; ils voulaient particulièrement régénérer les églises en décadence.

Lanfranc ne dut pas être le conseiller habituel de Guillaume avant l'année 1054 ou 1055 (1), car il lui fallut bien sept ou huit ans pour donner ses preuves d'homme habile, surtout dans l'état de pauvreté et d'obscurité du monastère, pendant quelques années. En 1059, il allait rendre au duc un service signalé qui déciderait de toute sa vie.

(1) Aucune chronique ne donne une date fixe, et nous ne savons sur quels documents s'appuie Ruprich-Robert, pour donner la date ferme de 1054 (Arch. norm., I).

Guillaume avait épousé, en 1053, sa cousine Mathilde, fille de Beaudoin, comte de Flandre. Le pape était alors Nicolas II, élu grâce à Hildebrand et placé sous son influence directe. Il excommunia Guillaume. Il voulait faire un exemple, car l'Église tenait particulièrement à sa législation matrimoniale, et tous les princes n'étaient pas d'aussi bonne composition qu'Henri Ier, roi de France, qui, pour être sûr de ne pas épouser une parente, prit une fille du grand duc de Russie, que l'on disait même descendante de Philippe de Macédoine (1).

D'ailleurs le concile de Reims, en 1049, avait interdit cette union à Guillaume.

En ce temps, la terrible sentence d'excommunication obligeait presque toujours le prince à céder. Il était d'ailleurs impossible de justifier la conduite de Guillaume : aujourd'hui encore ces sortes de mariages sont prohibés, et il est manifeste à tous que cette prohibition est une sage mesure. Sans doute, il désirait vivement négocier, trouver quelque accommodement, mais son orgueil farouche, et l'impossibilité de renvoyer déshonorée une pa-

____

(1) Le premier fils né de cette union s'appela naturellement Alexandre. Il mourut en bas âge. Le second fut Philippe Ier (1060-1108), que son père fit sacrer solennellement à Reims en 1058, devant une foule de princes ou de leurs ambassadeurs. Guillaume excommunié ne put pas même y envoyer un représentant.

rente et la fille d'un allié, l'en empêchaient : rien ne l'irritait plus que le blâme de ses sujets.

C'est dans de telles circonstances que Lanfranc se décida très nettement contre lui, sans aucun éclat, mais avec fermeté, comme ne pouvait se dispenser de le faire le prieur du Bec, et un homme de cette autorité en matière de droit canonique. Il parut à Guillaume que ce blâme indirect, venu de son protégé, était la pire offense. Je croirais plutôt que Lanfranc ne cherchait qu'à se créer l'occasion favorable d'intervenir, pour aboutir à un arrangement en cour de Rome qui le désirait vivement. Il ne s'agit pas de dire : « Guillaume a tort » ou « le pape a tort dans son intransigeance. » Jusque dans ses pires sévérités, l'Église a toujours désiré les accommodements.

Cependant Guillaume exaspéré ordonna de chasser Lanfranc de Normandie, et de brûler une ferme dite « le Parc » qui, sans doute, puisqu'elle est spécialement désignée, avait été donnée par le duc à Lanfranc qui l'avait transmise à l'abbaye.

Tout le monastère fut consterné, à l'exception de Lanfranc qui prit un domestique, son plus mauvais habit, et monta un cheval boiteux qui, à chaque pas, touchait de la tête le sol (1). Dans cet appareil, il se présenta à Guillaume, et lui demanda un meil-

______

(1) « Tripes equus quarto pede inutili » (Vit. Lanf.).

leur cheval pour quitter le pays. Le duc, d'abord courroucé, se mit à rire, et s'exclama : « Eh bien ! depuis quand demande-t-on des présents à un juge irrité ? » Mais irrité, il ne l'était plus. Lanfranc s'expliqua : il n'avait pas voulu faire une offense, mais dégager sa conscience. Il était impossible qu'un si puissant prince restât sous le coup de l'interdit.

Lanfranc s'offrit pour une négociation. Il était allé déjà à Rome en 1050, pour exposer sa doctrine sur l'Eucharistie, et faire condamner Bérenger. Un concile allait se tenir (avril 1059) pour régler certains points de discipline et condamner définitivement l'hérésie. Lanfranc désirait y assister (1). Il pourrait donc en même temps négocier le mariage légitime de Guillaume et de Mathilde.

Charmé et plein d'espoir, le duc embrassa Lanfranc, et donna quelques terres au monastère du Bec.

Lanfranc réussit pleinement dans cette mission délicate. Il représenta au pape que le duc ne renverrait sûrement pas Mathilde (2), parce que ce serait déchaîner une guerre terrible entre la Flandre et la Normandie. Maintenir l'excommunication et

----

(1) Lanfranc est allé à Rome, de Normandie ou d'Angleterre, neuf fois, ce qui vraiment a lieu de surprendre quand on songe à la durée et aux difficultés d'un tel voyage.

(2) « Dux puellam quam acceperat, nullo pacto dimittere vellet » (Vit. Lanf.). Voir aussi Guill. de Jumiéges, VII, 26.

jeter l'interdit sur le duché, pourrait donc ne produire aucun effet, et se retourner contre le pape lui-même. Guillaume rendait de grands services à l'Église et, malhabile, par son caractère encore barbare, à comprendre le bien-fondé des règles canoniques, ne méritait pas un traitement si inexorable. Enfin, le Saint-Siège, en s'obstinant, perdait de belles espérances. L'Église saxonne payait mal le tribut du denier de saint Pierre, le clergé était, dit-on, entaché de corruption et de simonie ; or, Guillaume était un peu parent d'Edward, le trône de l'Angleterre pourrait lui revenir, même sans violence ; il pourrait alors relever le prestige du christianisme dans l'antique « Ile des Saints » et dédommager le Saint-Siège de ses droits méconnus.

Ces raisons décidèrent Nicolas II à ratifier le mariage, qui fut d'ailleurs heureux, car Mathilde donna huit enfants à Guillaume : parmi lesquels, Guillaume le Roux qui fut élève de Lanfranc et plus tard un roi ingrat ; Cécile dont la beauté est vantée par les chroniques, et qui fut la première abbesse de la Sainte-Trinité de Caen. — La Sainte-Trinité : nous rencontrons ce mot pour la première fois : en effet, le pape avait imposé pour condition que le duc de Normandie construirait deux nouveaux monastères, et cette condition n'était pas faite pour déplaire. On les édifia dans la campagne qui avoisinait la ville de Caen, capitale de la Basse-Normandie (1). Ce furent les monastères de Saint-Étienne (Abbaye aux Hommes), et de la Sainte-Trinité (Abbaye aux Dames).

Une légende populaire donne un autre motif à cette double fondation : un jour que Mathilde reprochait à Guillaume d'être bâtard, il l'aurait traînée, dans sa fureur, à travers les rues de la ville de Caen, jusqu'au faubourg de Vaucelles, et aurait édifié les deux abbayes en expiation de cette violence.

Mais ce n'est qu'une légende et tous les chroniqueurs assignent à la munificence de Guillaume la raison que nous avons donnée. Cette brutalité n'aurait cependant rien d'étonnant, car Guillaume, au dire d'une chronique (2), aurait été un singulier fiancé. Comme Mathilde refusait d'épouser un bâtard, Guillaume aurait couru à cheval jusqu'à Bruges, aurait surpris Mathilde sortant de l'église, l'aurait frappée violemment à coups de poing et de pied, et serait reparti plus vite qu'il n'était venu. Mathilde aurait dû s'aliter et, par peur, aurait fini par consentir à accepter cet époux. A l'époque de ces heureuses négociations, Lanfranc avait 56 ans ;

(1) In prædio (ville et territoire circonvoisin) quod antiquitas Cadomum nuncupabat (Vit. Lanf.).

(2) Chroniq. de Tours. Hist. des Gaules et de la France, t. XI, p. 348.

il ne faut donc pas s'étonner qu'il y ait apporté tant
de maturité, mais plutôt qu'il ait trouvé si tard,
alors que l'âge refroidit l'ambition, l'emploi de ses
meilleures ressources. Nous sommes à une époque
où les circonstances sont les plus fortes, où c'est
déjà beaucoup — si ce n'est même l'essentiel — de
s'y pouvoir plier. Auprès d'une autorité suzeraine
n'est plus possible le rôle de « maire du palais »,
parce que l'idée de souveraineté s'est affirmée dans
les compétitions féodales; mais encore moins possible est le rôle d'un premier ministre, d'un Suger,
parce que les états n'ont qu'un seul organisme : la
guerre et la conquête. Le meilleur rôle est celui de
conseiller. Lanfranc va le remplir auprès de Guillaume, duc de Normandie et roi d'Angleterre, bien
moins en son nom et par ambition, qu'au nom de
l'Église et au profit des intérêts de la civilisation
actuelle.

CHAPITRE V.

Lanfranc, abbé de Saint-Étienne de Caen.

—

Sommaire. — Singuliers moyens de Guillaume pour obtenir le terrain de Saint-Étienne. — Construction de Saint-Étienne. — Achèvement de l'église de la Sainte-Trinité. — Priviléges et revenus des deux abbayes. — Sévère discipline de Lanfranc. — Ses rapports avec Odon, évèque de Bayeux. — Sa grande autorité auprés des Normands. — Mort du roi Edward. — Démêlés de Guillaume et de Harold. — La conquête. — Stigand, archevèque de Canterbury, son rôle politique ; Guillaume le fait déposer. — Projets de Guillaume sur les églises d'Angleterre. — Il choisit Lanfranc pour remplacer Stigand.

Après ces heureuses négociations, Lanfranc revint à l'abbaye du Bec. Guillaume l'avait nommé d'avance abbé du monastère d'hommes, mais les deux monastères étaient à construire.

Il fallait d'abord le terrain. Pour celui de Saint-Étienne, on expropria, il paraîtrait même qu'on dépouilla un pauvre homme de sa terre. Il serait tout à fait oiseux de rechercher ce que Lanfranc pensa de cette violence, car il ne la connut peut-être pas. Si même il la connut, le cas n'est pas pour nous embarrasser. Il est évident que Guillaume, qui a fait tant de donations aux monastères

6

et qui commence une charte par ces belles paroles :
« Qui prête à Dieu ou pour Dieu, ne s'aliène pas un
bien, mais se le conserve » (1), ne regardait pas à
quelques livres tournois de plus ou de moins, et
que la violence ne lui semblait pas la violation des
droits d'autrui. Il était religieux, assistait chaque jour à la messe, aux vêpres et aux matines (2),
mais c'était encore un barbare ; dans le même
temps qu'il dépouillait le paysan de Caen, il se préparait à dépouiller le roi Harold, sauf à assurer des
prières au vaincu par la fondation d'une abbaye (3).

Cette injustice a jeté sur les funérailles déjà
émouvantes du Conquérant, une teinte tragique.
Après bien des péripéties, le corps avait été transporté de Rouen à Caen, la fosse avait été creusée
dans l'église abbatiale, lorsque, au moment de descendre le cadavre, Asselin, fils d'Arthur, se présenta et, disant qu'il n'avait point vendu sa terre,
défendit qu'on en recouvrît les restes du Conquérant. L'argument parut à tous sans réplique. Aussitôt on lui donna soixante sous pour le terrain nécessaire à la sépulture, et on lui promit de lui payer
le reste plus tard (4). Ne semble-t-il pas que ce soit
une scène anticipée de la vallée de Josaphat ?

(1) Cartul. St-Ét. de Caen (Bibl. nat.).
(2) Math. Paris : Maj. hist., fol. 12.
(3) Math. Paris : id.; c'est l'abbaye de la Bataille.
(4) Ord. Vit., VII.

Alors le corps put être descendu, mais il creva, et comme il n'était pas renfermé dans un cercueil, une odeur épouvantable se dégagea (1), et tous s'enfuirent, sauf les moines, qui hâtèrent la cérémonie (2).

Il est fort possible que ce soient des violences analogues qui aient rendu disponibles une partie des terrains nécessaires à la Sainte-Trinité, car, après la mort de Mathilde, beaucoup des donations qu'elle avait octroyées furent annulées, sans que le pillage puisse sembler une explication suffisante.

Le monastère de Saint-Étienne ne fut achevé et consacré qu'en 1077, par Jean, évêque d'Avranches, nommé archevêque de Rouen en 1067, sur la recommandation de Lanfranc qui refusa la succession de Maurille, et fut lui-même à Rome négocier cette nomination, et rapporter le « pallium » à son ancien élève. Dans toutes les chartes de Saint-Étienne de Caen, Guillaume prend le titre de roi. Or, la conquête d'Angleterre est d'octobre 1066 (3). D'autre

(1) Ord. Vit. « pinguissimus venter crepuit ». Guillaume était corpulent. Le roi de France, Philippe, dit un jour : « Rex anglorum jacet Rhotomagi cubile fovens instar parturientium fœminarum » (Math. Paris: Maj. hist., fol. 13).

(2) Le tombeau fut profané par les huguenots, en 1562; un nouveau tombeau, élevé un peu en arrière, fut profané en 1793, par les sans-culottes. Il avait été édifié en 1642 pour renfermer ce qui restait du Conquérant : un os d'une jambe.

(3) Cartul. St-Ét. de Caen : « Ego Willelmus rex anglorum... cœnobium in honorem Dei ac beatissimi Protomar-

part, c'est en 1066 seulement, à Bonneville, près de Touques, où Guillaume s'était rendu, que Lanfranc fut définitivement et officiellement nommé abbé (1). Mais en 1070, il fut promu à l'archevêché de Canterbury. Il n'aurait donc pas été abbé de Saint-Étienne de Caen plus de quatre ans. Nous estimons que, de 1060 à 1066, Lanfranc présida simplement aux travaux. Les cartulaires mentionnent qu'il acheta des terrains et une carrière de pierres. Il est admis que c'est grâce à son influence que l'église fut construite sur les données du plan lombard (type de Saint-Michel de Pavie) (2). Ces préoccupations n'exigeaient point sa présence continuelle à Caen, et il continuait de donner ses leçons dans l'abbaye du Bec.

En même temps, il dirigeait aussi les travaux de l'abbaye de la Sainte-Trinité. L'église, bâtie sur le plan latin, par conséquent d'une architecture plus ancienne que Saint-Étienne, était sans doute commencée déjà, et fut utilisée en vue de cette nouvelle destination. Elle put être consacrée trois mois avant la conquête juin (1066).

Ces deux abbayes furent enrichies d'importants bénéfices et des plus hauts privilèges, avec une cer-

tyris. etc... » Ont signé... Lanfranc, archevêque. C'est une charte de donations énumérées très minutieusement.

(1) Ord. Vit., lib. II.

(2) Ruprich-Robert: Archit. norm., t. I.

taine symétrie qui laissait voir que ces deux abbayes étaient bien nées d'une même pensée.

L'une et l'autre reçurent des donations de terres,
sur le partage de la conquête (1). A l'une, Guillaume
laissa son sceptre et sa couronne (que d'ailleurs
son fils Robert racheta pour une terre en Angleterre) ; à l'autre, Mathilde légua sa couronne et ses
plus belles parures. Saint-Étienne jouissait du privilège d'une foire de trois jours à la Saint-Laurent
(plus tard à la Saint-Michel) ; la Sainte-Trinité également la veille, le jour et le lendemain de sa fête
patronale (2) : l'abbé et l'abbesse percevaient alors
tous les impôts d'entrée de la ville. — Ils avaient
chacun dans leur dépendance une agglomération
continue et assez peuplée, d'où les noms de Bourg-
l'Abbé, Bourg-l'Abbesse. — Ils avaient droit de
haute et basse justice, ce qui provoquait d'incessantes difficultés avec le haut bailli et le comte.

(1) Domesday Book, passim, et à : Dorset, Devon, Glocos-
ter, Essex. En 1250, la Sainte-Trinité a, en Angleterre, 160 livres sterling de revenus, et Saint-Étienne 110 livres.

(2) Après les œuvres de Lanfranc, d'Achery a transcrit les
chartes de donations des deux abbayes. Celles de la Sainte-
Trinité sont de 1066, 1082, 1083. Parmi les abbesses, outre
Cécile, fille du Conquérant, morte en 1127, il faut citer : Isa-
belle de Blois (1128), Nicolle de Rupalley (1423), Renée de
Bourbon (1534), Anne de Montmorency (1588), Madeleine de
Montmorency (1598). — La dernière, à la Révolution, fut
Madame de Pontécoulant.

En 1480, sur la paroisse Saint-Gilles, dépendant de l'abbesse, un porc mangea un enfant. Le bailli se saisit de l'affaire, mais l'abbesse réclama et prouva qu'il y avait un précédent: peu de temps auparavant, elle avait fait « ardre », sur la place aux Campions, une fille de cette paroisse, qui avait tué un homme.

Comme l'abbaye du Bec, les deux monastères de Caen durent se transformer en forteresses pendant la guerre de Cent-Ans, et lever un impôt exceptionnel pour l'entretien des remparts. Charles V fit même abattre les hautes tours pyramidales de la Sainte-Trinité, car cette église, bâtie sur une éminence, pouvait, vue de la mer, offrir une direction aux vaisseaux chargés de soldats anglais. L'ennemi prit d'abord Saint-Étienne (1417), mais n'y exerça pas de ravages.

De 1250 à 1266, Odon de Rigaud, archevêque de Rouen, visita plusieurs fois les deux monastères. La Sainte-Trinité comptait de 65 religieuses (en 1250), à 77 (en 1266), et Saint-Étienne de 54 à 70 moines (1). Ils étaient donc l'un et l'autre très pros-

---

(1) Du Carrel donne le chiffre de 120 moines pour Saint-Étienne de Caen, lorsque l'église fut consacrée.

Les revenus de la Sainte-Trinité, en France seulement, étaient de 2.500 livres tournois; ceux de Saint-Étienne de 4.000. Cependant un Pouillé de Caen indique respectivement 4.900 et 5.900.

pères: cependant la discipline y était bien différente.

Quoique soumise à la règle bénédictine, les mo-
niales n'étaient pas cloîtrées, recevaient chacune
dans son appartement, mangeaient plusieurs fois la
semaine les aliments gras, élevaient auprès d'elles
leurs nièces et leurs cousines, avaient une maison
de plaisance à Ouistreham. Aux Saints-Innocents,
elles célébraient la fête des Fous, et au verset du
« Magnificat » : « deposuit potentes de sede », elles
remplaçaient, pour vingt-quatre heures, leur aris-
tocratique abbesse, par une des plus jeunes d'entre
elles. Cette abbaye fut même une des dernières de
toute la France à abandonner cette pratique, source
d'abus. Elles assistaient aux Mystères (1). Une particularité curieuse indique que leur discipline s'ac-
commodait de certaines excentricités. Elles don-
naient à dîner une fois l'an à tous les habitants
(maîtres et domestiques) de Vaux-sur-Seulles (2).
Si le dîner était frugal, les convives étaient de 500
à 600, et le désordre fut tel que l'abbesse dut, au
XIVe siècle, racheter cette coutume. La composition de ce singulier repas était: un pain de 21 à 22

(1) En 1423, Nicolle de Rupalley assiste au Mystère de Saint-
Vincent et donne dix sous aux acteurs.

(2) Aux Archives du Calvados, pièce qui traite d'un échange
de biens entre Vaux-sur-Seulles et la Sainte-Trinité. Sur le
sceau, l'abbesse est debout, crossée, portant un livre.

onces, lard pelé et bouilli d'un 1/2 pied carré, riblette de lard rôtie sur le gril, esculée de mortreux (1), cervoise ou cidre à discrétion.

La Sainte-Trinité tendit de plus en plus à devenir une maison de chanoinesses. Lorsque en 1515, Isabelle de Bourbon voulut introduire la règle stricte de la clôture et du régime maigre, elle se heurta à mille résistances, et aussi bien semble-t-il que la discipline n'avait pas à être réformée, n'ayant jamais été régulière.

Les religieuses avaient leur chapelain particulier, et malgré l'autorité que lui donna formellement Guillaume, Lanfranc ne put y exercer beaucoup sa méthode de discipline et d'administration. L'organisation de l'Abbaye aux Hommes occupait d'ailleurs toute son activité. Les moines se présentaient en grand nombre, les uns suivant Lanfranc en disciples fidèles (2), les autres débutant dans la vie religieuse et dont le recrutement exigeait un contrôle sévère. Il fallut élaborer un règlement, et sans doute Lanfranc ne put que s'inspirer de ce qu'il avait déjà fait au Bec. Le duc de Normandie assurait avec munificence des revenus plus que suffisants (« ad ves-

(1) Pain émietté dans du lait non écrémé.

(2) Mil. Cresp. dit que Lanfranc n'aurait emmené du Bec que Radulphe qui avait pris récemment l'habit, et qui fut plus tard prieur de Caen, mais la Chronique du Bec (fol. 3) dit au contraire et, nous semble-t-il, avec plus de vraisemblance, qu'il emmena plusieurs moines.

titum et ad victum »), mais la construction des diverses parties de l'abbaye était un aussi grand souci que celui d'une bonne organisation morale. Il fallait tout faire et d'un seul coup, parce que le monastère, au lieu de progresser depuis l'état le plus humble, comme l'ancien couvent d'Herluin, se trouvait de suite riche, peuplé, vaste.

Avec son système d'aboutir par l'étude à une discipline plus parfaite de la vie monacale, Lanfranc fonda à Caen une école qui, d'abord brillante, ne paraît pas avoir longtemps vécu. La raison en est bien simple: une école est avant tout un ensemble de traditions. Or, en 1070, c'est-à-dire au début même de l'entreprise, Lanfranc fut nommé archevêque de Canterbury, et emmena, pour leur donner les dignités de l'Église saxonne, les meilleurs des maîtres et des élèves qu'il avait, à Caen comme à Bologne, comme à Avranches, comme au Bec, groupés autour de lui (1). L'abbaye de Saint-Michel envoya longtemps à cette école deux novi-

(1) A propos de Saint-Étienne, disons qu'un moine nous a laissé une chronique, simple répertoire de dates, de 903 à 1293 (Duchesne: Hist. norm. script.). De Lanfranc, le chroniqueur ne mentionne que sa mort, ce qui est déjà curieux, mais ne mentionne pas son titre d'archevêque, et lui consacre cinq mots : « obiit Lanfrancus, primus abbas Cadomensis. » Cette chronique est peut-être l'œuvre de quelque moine saxon qui s'est ainsi vengé.

ces (1). Parmi les élèves du temps de Lanfranc, il faut citer un certain Raoul, curé-seigneur de Vaucelles, qui estimait assez le plaisir d'être admis, pour le payer de la moitié des dîmes qui lui revenaient de sa paroisse; et Paul, lequel n'a en quelque sorte jamais quitté Lanfranc, et dont la vie est très intéressante, parce qu'elle réfléchit les enseignements du maître. A la même époque Odon, évêque de Bayeux, réunissait autour de lui des hommes qui avaient réputation de savant: **Gotzelin**, hagiographe anglais; Roscelin, le chef de l'école nominaliste. Il est certain que ce voisinage fit discuter plus passionnément qu'ailleurs peut-être dans la nouvelle école, la question des universaux. Arnould, qui fut plus tard patriarche d'Antioche, avait fondé à Caen une école pour les jeunes clercs, mais dans cette région, le centre des études était plutôt à Bayeux. Nous croyons que dès lors entre Lanfranc et Odon les rapports furent très fréquents. C'est là sans doute que le frère du Conquérant put apprécier les qualités du futur primat d'Angleterre, et lui voua une amitié que de grandes difficultés survenues entre eux ne firent pas disparaître, et dont il lui laissa un témoignage posthume, sous forme d'une importante donation testamentaire (2).

(1) Gal. Christ., XI, 525: de la Rue, tome II.

(2) Sigillographie de la Normandie, page 48. L'acte de donation énonce ce motif « pro redemptione domini mei Gulielmi

La situation de Lanfranc s'était entièrement modifiée. Il était devenu, aux yeux de tous, le conseiller de Guillaume. Les seigneurs venaient à lui,
pour son influence. Par sa prudence, sa discrétion
et son aménité, il se faisait beaucoup d'amis. Ceux-
là le défendront plus tard contre la colère, assez
légitime d'ailleurs, des Saxons ; en honneur de sa
mémoire, ils donneront, sur leur part de la conquête, des terres aux monastères qu'il protège (1).
Quant à Lanfranc, élevé presque d'un seul coup à
un rôle supérieur, il n'en avait pas été gêné. Il était
d'abord à cet âge où un homme a encore toute la
force de son talent et y joint la parfaite expérience.
Lanfranc est d'ailleurs l'homme complet, parfaitement équilibré, que les spéculations de la science
n'empêchent pas d'être un administrateur pratique
et minutieux, que la sévérité de l'esprit religieux
n'empêche pas d'être aimable et accueillant, désintéressé pour lui-même de toutes les choses de la
terre, et jugeant cependant les choses de la politique exactement, sans les dédaigner ; esprit positif,
en ce sens qu'il n'est jamais systématique ; étendu,

regis Anglorum, et eorum de quorum Salute specialiter injunctum est ».

(1) Domesday Book, et « Monastic. anglic » passim, et notamment II, 954. Un certain Roger de Thibouville est mentionné comme ayant donné au Bec la moitié du manoir de Weldone, en Angleterre.

plus que profond : au milieu des conquérants emportés par l'orgueil du triomphe et la cupidité, il devait rappeler le bon sens et le devoir.

Il n'est pas contestable qu'il ait conseillé la conquête, car Guillaume ne lui aurait pas donné, en le nommant archevêque de Canterbury, un rôle si important, sinon même prépondérant, dans l'organisation de cette conquête. C'est précisément à partir de 1059, que le duc de Normandie, qui avait d'abord espéré pouvoir succéder à Edward en invoquant des liens de parenté, projeta une conquête par les armes. Cependant, il préférait encore la ruse. L'infortuné Harold vint visiter Guillaume au Bourg, près de Bayeux, maison de campagne des ducs de Normandie, et tandis qu'il ne prétendait qu'à se montrer valeureux chevalier, Guillaume lui faisait jurer, sur les saintes reliques, des promesses impossibles à tenir : serment qu'il exploiterait bientôt. En Angleterre, comme en Normandie, les pressentiments de graves événements tenaient les esprits dans l'anxiété; notamment l'apparition d'une comète acheva de les troubler. Des négociations avec Rome étaient entamées, le 5 janvier 1066, lorsque Edward, roi d'Angleterre, mourut miné par le chagrin, trop tôt pour les uns et les autres, car ni Harold qu'il désigna pour son successeur n'était assez préparé à cette responsabilité, ni Guillaume n'avait encore de plan arrêté. Contrairement à l'opinion d'Augustin

Thierry, Edward avait fait un choix malheureux:
si Harold était le plus brave, le plus décidé parti-
san de l'indépendance saxonne, il n'était pas douteux que, aussitôt son sacre accompli, Guillaume
lui demanderait compte de ses anciennes promesses et de son serment. On aurait embarrassé le duc
de Normandie, on l'aurait en tout cas privé de l'appui
moral du Saint-Siège, on lui aurait ôté le seul pré-
texte légitime d'intervenir, si le roi avait été le pe-
tit-fils d'Edmond Côte-de-Fer, ignoré, il est vrai, et
à demi étranger, mais qui n'était pas impliqué dans
cette redoutable affaire d'un serment. Harold lui-
même se ferma tout recours en Cour de Rome, car
il se fit sacrer précipitamment par Stigand, archevêque de Canterbury, suspendu, comme intrus, depuis plus de quatre ans. Il importait peu, après de
tels débuts, que le nouveau roi se montrât brave et
affable (1).

Augustin Thierry parle de négociations décisi-
ves entamées par Lanfranc avec le Saint-Siège, au
nom de Guillaume. S'il ne nous paraît pas douteux
que Lanfranc ait pu obtenir aux négociateurs un
accueil plus favorable, il est au moins aussi certain que les négociations ne furent pas son œuvre;
aucun historien ne lui prête ce rôle, et Orderic

(1) T. I, l. III, p. 223 (2 in-8°, 1883, chez Calmann-Lévy).

Vital l'attribue expressément à Gislebert, archidiacre de Lisieux (1).

Après l'assemblée de Lillebonne (2), où le duc de
Normandie obtint l'appui de tous ses vassaux, sous
la promesse de dignités et de terres, les hommes
armés affluèrent de toutes parts à Caen, car le rendez-vous était fixé au port le plus proche, à Dives,
et le rivage, de l'Orne à la Touques, se couvrait de
barques. C'est à Touques, au milieu des préoccupations et des inquiétudes, que Guillaume nomma
définitivement Lanfranc abbé de Saint-Étienne. Le
monastère n'était pas achevé, mais les moines y
pouvaient vivre dès maintenant sans être gênés
par les travaux.

Quelques semaines plus tard Guillaume était
couronné roi d'Angleterre, dans le monastère de
l'ouest (Westminster), par Eldred, métropolitain
d'York. Il envoyait à Alexandre II de riches présents d'orfèvrerie et la bannière de Harold (3). Ce
couronnement devait surtout, dans l'esprit du
vainqueur, frapper les imaginations, car la conquête commençait seulement.

De fait, le peuple des villes et même quelques

(1) Ord. Vit., III : « Gislebertum Lexoviensem archidiaco-
num Romam misit, et de his quæ acciderant ab Alexandro Papa
consilium requisivit. »

(2) Guill. Malmesb. : De Gestis reg., III, fol. 100.

(3) Guill. de Poitiers, coll. Duchesne, fol. 205.

évêques acceptèrent le nouveau roi comme légitime. L'Église saxonne se divisait ainsi en deux : les soumis, au moins de nécessité, avaient pour chef Eldred, archevêque d'York ; et les patriotes, Stigand, archevêque de Canterbury. Les premiers, comme tout parti intermédiaire, étaient appelés à disparaître. D'ailleurs, ils purent connaître le vrai but des conquérants, quand ils virent, au premier lendemain de la conquête, les églises et les monastères brutalement pillés, au profit des églises et des monastères de France, d'Aquitaine, de Bourgogne et d'Auvergne (1). La docilité d'Eldred se changea bientôt en malédictions. Guillaume était trop rusé pour se fier absolument à de tels hommes, mais il n'avait pas d'abord assez de Normands pour remplacer les titulaires saxons. Il semble même n'avoir pas eu ce projet, au moins dans les trois premières années, et il se contentait de remplacer un saxon récalcitrant par un saxon docile. C'est ce qu'il fit, par exemple, au monastère de Winchcombe (2).

Au contraire aucun pacte n'était possible avec le parti de Stigand, et nous devons nous arrêter à définir le rôle de ce dernier, prédécesseur immédiat de Lanfranc.

(1) Guill. de Poitiers, fol. 206 : « mille ecclesiis Franciæ, Aquitaniæ, Burgundiæ, necnon Arverniæ aliarumque regionum. »
(2) Cf. Monast. angl., t. I, passim.

Les démêlés en Cour de Rome, attribués à sa haine des Normands, n'avaient pu que lui donner un surcroît d'autorité devant la race saxonne ; il occupait la première métropole de l'Angleterre, il **avait** d'immenses richesses.

D'après Guillaume de Thorn (1), il aurait voulu barrer la route au Conquérant, remontant, après la bataille d'Hastings, de Douvres à Londres, par le Kent, et l'aurait forcé à capituler. D'après Guillaume Malmesbury (2), il se serait d'abord soumis simplement. Mais Canterbury fut brûlée, pillée, la cathédrale presque ruinée, les « actes » et les cartulaires incendiés (3). Ces violences n'étaient pas faites pour rendre les soumissions sincères. Lorsque Stigand vit son ministère refusé pour le couronnement de la nouvelle royauté, il ne put être dupe plus longtemps des honneurs apparents et des flatteuses appellations (4) de Guillaume qui, n'étant pas assez fort pour lui enlever son siège, s'étudiait à le ménager.

Lorsque, à la fin du printemps de 1067, le Conquérant revint étaler son triomphe en Normandie, il se

(1) Dans la collection Selden.

(2) De Gestis Pontific.

(3) Epist. Lanf. ad Papam. Il écrit à Alexandre II que les authentiques des reliques ont été brûlés dans l'incendie.

(4) Guill. Malmesb. : De Gestis Pontif., fol. 204 « Willelmus eum in patrem recepit. »

.fit accompagner de Frithrik, abbé de Saint-Alban, et de Stigand. Il les traita bien et il n'avait pas tort de ne pas vouloir les laisser derrière lui en Angleterre, mais il est probable que les vaincus regardèrent comme un affront d'être obligés d'assister à la parade insolente du vainqueur.

La pacification de la province d'York absorba bientôt toute l'activité de Guillaume. C'est après avoir, à parler sans métaphores, noyé dans le sang toutes les résistances, qu'il reporta son attention sur les choses d'église.

Autour de Stigand et de Frithrik s'étaient rangés un grand nombre d'évêques et d'abbés; les monastères surtout étaient des retraites profondes où pouvaient se dissimuler l'argent de la rébellion, les armes et les conciliabules. Ce n'était pas un complot manifeste qui eût été vite réprimé, c'était une influence sourde, surtout des préparatifs pour l'avenir qui remettaient sans cesse en question la stabilité de la conquête.

Guillaume commença par faire piller dans le même temps (mars 1070), tous les monastères d'Angleterre, et il les ruina (1). Cette violence eût été inutile, sans un ensemble de mesures concordantes qui, presque en une seule année, « désaxonnisèrent » l'Église d'Angleterre.

(1) Math. P.: « Flores hist. », fol. 226.

7

Trois **légats** du pape vinrent visiter Guillaume. C'était l'**usage**, chaque fois qu'une conquête avait été **faite** avec l'agrément et l'investiture du Saint-Siège. De plus, le Conquérant l'avait demandé expressément (1). Il se servit de ces ambassadeurs très habilement. Il se fit couronner une seconde fois à Winchester, leur dénonça l'immoralité et l'indiscipline du clergé saxon, et leur fit suspendre (2), définitivement cette fois, l'archevêque Stigand, comme intrus. Est-ce une victime ou un intrigant puni? Milon Crespin, évidemment partial, le déclare souillé de nombreux crimes (3); Malmesbury, plus juste, le dit cupide et ambitieux, mais excusable parce qu'il manquait de jugement (4). Avec lui, furent déposés une foule d'évêques et d'abbés. Stigand put s'enfuir en Écosse, avec Alexandre, évêque de Lincoln. D'autres furent enfermés dans des forteresses. Le plus grand nombre s'enfuirent en Danemark, en France; et Guillaume s'y prêta, car il s'en débarrassait ainsi avec une violence moindre.

C'est dans ces conditions que, vers mai 1070, le siège métropolitain de Canterbury fut vacant. Les

(1) Cf. Ord. Vital (IV), et la Vie de Lanfranc.
(2) Cf. Ord. Vit., ibid., et Florent-Wigorn, fol. 636.
(3) « Multis criminibus coinquinatum » (Vit. Lanf.).
(4) « Non judicio, sed errore peccasse, quod homo illiteratus » (De Gest. Pontif.).

ambitieux ne manquaient pas, et Guillaume entendait bien, au moins pour ces premières nomina-
tions, imposer ses choix aux suffragants et aux chapitres. Son dessein était de constituer une église
normande, avec un haut chef qui le dispenserait
d'intervenir sans cesse lui-même dans des affaires
délicates, et qui appliquerait les canons dans le
sens d'une « normannisation » progressive, laquelle
envahirait tôt ou tard ces vieux monastères saxons
que les violences brutales ne convertissaient pas.
C'est ce que Guillaume appelait « améliorer l'état
de l'Église » (1).

Les légats, les grands, Guillaume lui-même, ju-
gèrent que nul ne remplirait cette tâche, avec plus
de circonspection et de désintéressement, que
Lanfranc. Le concile national de Winchester, qui
avait déposé Stigand, était encore réuni, et Thomas,
archevêque d'York, y avait une grande influence.
Le choix fut ratifié à l'unanimité. On voulait mettre
Lanfranc à Canterbury, comme une lumière éclatante sur une haute tour (2).

(1) « Ad meliorandum statum Ecclesiæ..., Gulielmus inten-
dit animum » (Vit. Lanf.).

(2) « Uberrimum luminare in hac arce elatum » (Guill. Malmesb.). Aug. Thierry (I, p. 346) se trompe formellement et a
contre lui des textes nombreux et indiscutables, quand il dit
que Lanfranc fut « nommé » archevêque par « élection du roi
et de ses barons. » Ces expressions même ne peuvent avoir au-

Le prieur de Saint-Étienne était si loin d'avoir mis la main à aucune de ces intrigues, qu'il opposa un refus formel à la députation qui vint le trouver en Normandie. Puis, sur les instances de la reine Mathilde, d'Herluin, des légats, du roi lui-même, il passa la mer, espérant encore qu'il pourrait maintenir son refus. Il n'en revint cependant que pour mettre ordre à quelques affaires, dire adieu à ses frères du Bec et de Saint-Étienne, et assurer l'élection de son successeur dans cette dernière abbaye (1).

Les Normands étaient heureux de son élévation, à cause de sa science et de l'affection qu'ils lui connaissaient pour le roi. Les Saxons ne pouvaient le confondre avec l'un des pillards de la conquête qui s'étaient déjà installés dans quelques évêchés. Aussi, les fêtes de son sacre furent-elles brillantes (2).

Lanfranc n'avait pas ambitionné cet honneur. Il aimera sa haute dignité, non pour les profits et les

cun sens. De même Thomas était déjà « désigné » pour York, mais il ne fut nommé qu'à la Pentecôte, au concile de Windsor.

(1) Eadmer : Hist. nov. Éd. Selden, p. 6 : « Angliam ex præcepto Domini Papæ Alexandri et prædicti regis advenit, et panco post tempore archiepiscopatum Cantuariensem regendum suscepit. »

(2) Eadmer : id. Ce fut en septembre 1070. Seul, Mathieu Paris (dans : Flores historiarum, fol. 227) indique l'année 1071, parce qu'il se rapporte à l'ancien calendrier qui faisait commencer l'année à Pâques.

aises, mais pour le bien qu'elle lui permettra d'accomplir. Il regrettera souvent les années écoulées dans les abbayes normandes.

Cependant cette haute fortune fit quelques jaloux, car beaucoup d'évêques normands qui avaient suivi Guillaume dans sa conquête, qui avaient béni ses troupes au matin des batailles, et au besoin revêtu le casque et la cuirasse, avaient ambitionné le siège de Canterbury. Ils tentèrent d'expliquer l'élévation de Lanfranc par de méchants soupçons, et, peut-être, sans le vouloir, préparèrent contre lui des armes que les chroniqueurs saxons ne laissèrent pas inutiles. Alors que la succession des événements expliquait suffisamment sa nomination, et qu'il était plus facile encore d'admettre que Guillaume avait simplement voulu mettre à la tête de l'Église d'Angleterre un homme incontesté et supérieur, beaucoup feignirent de croire que cette nomination résultait d'une sorte de pacte dans lequel Lanfranc avait sacrifié, et d'avance mis à la disposition de Guillaume, les droits de l'Église. Ce soupçon vint surtout de ceux contre lesquels Lanfranc ne cessa d'user de toutes ses sévérités, pour leurs exactions, leur simonie, leur méconnaissance des devoirs spirituels. Cette considération suffirait à en prouver l'injustice. Est-il besoin d'ajouter qu'aucun fait ne vient dans la suite le corroborer, bien au contraire ? Mais quelques Saxons l'ont repris, particulièrement ce Guillaume de Thorn qui écrit l'Histoire avec ses colères et ses rancunes de vaincu. Quand, après la mort de Lanfranc, les droits de l'Église et ceux de la Royauté commencèrent à s'opposer et, depuis l'exil de saint Anselme jusqu'au martyre de saint Thomas Becket, à susciter des difficultés de plus en plus critiques, on ne put croire ou on ne voulut pas croire qu'en d'autres temps un évêque fidèle ait pu être le fidèle serviteur de la royauté. On s'avisa de penser que Lanfranc, avant son élévation, avait dû donner ses preuves à Guillaume. On parla de la provenance des terrains de l'abbaye Saint-Étienne. On rappela que deux ou trois fois Lanfranc avait facilité l'expropriation de quelques petits prieurés, isolés et misérables, pour forcer les moines à se réfugier dans d'autres monastères florissants et y vivre plus dignement.

Grossis de calomnies, ces griefs et ces soupçons se sont rassemblés dans l'œuvre de Parker, le premier des évêques anglicans: mais à l'acrimonie qu'il emploie à dénaturer le rôle de Lanfranc, on voit assez qu'il ne le considère pas, pour la docilité au pouvoir civil, comme un prédécesseur et une autorité, et qu'il ne tâche qu'à se servir de son nom comme d'une arme contre la mémoire de saint Thomas Becket. L'abus des comparaisons et des parallèles, si décevants en histoire, a ins-

piré à d'autres historiens d'opposer l'un à l'autre,
les uns au profit de Lanfranc, les autres au profit
de Becket, ces deux grands noms de l'Église de
Canterbury.

CHAPITRE VI.

Lanfranc, archevêque de Canterbury, et le clergé saxon, dans le bouleversement de la conquête.

—

Si Guillaume n'avait obéi qu'à des vues politiques en appelant sur le siège de Canterbury Lanfranc, et s'il devait trouver en lui l'auxiliaire dévoué et sagace, Lanfranc tint à cœur de remplir une autre mission. Quand, revêtu des ornements sacrés, il entra solennellement dans la ville épiscopale, ses regards ne rencontrèrent que des ruines, et, dans sa cathédrale même, les riches tentures et les orfèvreries données par Guillaume, ne cachaient pas entièrement les dévastations et les traces de l'incendie. Dans tout son diocèse, des paroisses dépeuplées et sans prêtres, des monastères abandonnés, ou, ce qui était pire pour la vie religieuse, devenus le centre de conspirations politiques, le recrutement du clergé presque impossible, la foi des populations sombrant dans les calamités publiques, ses fidèles se traînant, pour la plupart, dans la misère, vêtus de haillons, mendiant le pain du jour à leurs vainqueurs; les malades, les femmes, les enfants, sans abri; les lépreux vagabondant librement dans les campagnes : c'étaient d'autres ruines, plus difficiles à réparer que l'écroulement des édifices.

Il se mit à l'œuvre sans éclat, mais avec cette patience, ce calme tenace, cette méthode qu'il apportait à tous ses travaux.

Il importait d'abord de mettre de la discipline et de rétablir la hiérarchie dans le haut clergé, pour faire concorder tous les efforts, aussi bien ceux des évêques nouveaux que des quelques évêques saxons qui furent maintenus. Lanfranc comprenait que, parmi les évêques normands, beaucoup ne convoitaient que les richesses, et ce sont eux, et non pas même les Saxons, qui lui suscitèrent dans la suite le plus de difficultés. L'Église d'Angleterre avait, à cette époque, deux métropoles égales en influence politique, en autorité effective, mais non pas en autorité morale: York et Canterbury. Il n'est pas douteux que si Guillaume voulait établir une primatie, il devait en accorder le bénéfice à l'Église de Canterbury si souvent appelée, dans les chroniques, la « mère des églises », et à juste titre, puisqu'elle avait été fondée la première de toutes, par saint Augustin et ses compagnons. Les privilèges à invoquer ne manquaient pas. Mais cette primatie était d'abord chose nouvelle (1), et par conséquent ne pouvait être appuyée sur aucun titre authentique. Elle rencontra de plus dans l'archevêque d'York un adversaire bien naturel.

Avec une habileté consommée, qui le dépeint mieux que ne feraient cent pages de commentaires, Lanfranc feignit de regarder la suprématie comme établie sans conteste, et lorsque Thomas vint à lui pour être sacré, il lui demanda une profession de foi et une déclaration d'obéissance écrites, comme il les avait demandées à ses suffragants, même aux plus puissants d'entre eux, les évêques de Londres, de Dorchester, et de Lincoln (2). Thomas refusa, et ne fut pas sacré. Le roi lui donna tort: il dut céder. La question était ainsi

(1) Eadmer : Hist. nov., p. 3: « nova res huic nostro sæculo... anglis inaudita. »

(2) Canterbury avait 9 suffragants. Une fois pour toutes, nous avertissons le lecteur que les querelles d'ordre ecclésiastique auxquelles fut mêlé Lanfranc, se trouvent le plus complètement exposées dans Eadmer (Historia novorum), et particulièrement celle de Lanfranc et de Thomas, dans la Vie de Lanfranc, par Milon Crespin.

posée. D'ailleurs le roi tenait essentiellement à établir la Primatie à Canterbury. Le Primat sacrait le roi d'Angleterre ; or le comté d'York était le centre de la résistance, et un archevêque, entraîné par ses fidèles, cédant à d'inévitables pressions, aurait pu être amené à sacrer un prétendant. Du reste, ce n'est point parce que Thomas était normand que Guillaume ne se rendait pas compte de son insuffisance pour dominer l'Église d'Angleterre.

Entre Thomas, « homme neuf et absolument ignorant des coutumes anglicanes », et Lanfranc, l'issue d'une question aussi épineuse ne pouvait faire aucun doute. L'un et l'autre se rendirent à Rome ; Alexandre II combla d'honneurs et de prévenances son ancien maître. Thomas se défendit avec fougue, et, pour sauver au moins l'avenir et ne pas léguer à ses successeurs un mauvais précédent, demanda que la Primatie fût dévolue à l'archevêque le plus ancien d'ordination. Lanfranc se défendit au contraire avec discrétion et modestie, mais avec une invincible fermeté. Alexandre, qui sans doute ne pénétrait pas encore tout le dessein de Guillaume, déclara, sans se compromettre, que c'était à l'Angleterre de trancher le débat. La cause fut en effet portée devant le concile national de Winchester (1072) qui décida que la Primatie, par droit de tradition, devait appartenir à Canterbury. Lanfranc avait obtenu ce qu'il voulait, et il put

apporter dès lors de la modération et de la bien-
veillance dans l'exécution. Il n'exigea de Thomas,
par écrit, que la promesse d'obéissance, et non le
serment. On ne voit point du reste que, au long de
son épiscopat, il se soit beaucoup immiscé dans
l'administration des autres archevêques. Il garda
constamment des rapports d'amitié avec l'archevêque d'York, le traita avec égards, et l'emmena
plusieurs fois avec lui, lorsqu'il se rendit à Rome
pour y traiter des questions d'ordre général. Il
advint même dans un de ces voyages que le Pape
voulut imposer à Thomas de démissionner, comme
fils de prêtre et de religieuse, ainsi qu'à l'évêque de
Lincoln qui avait tout simplement acheté son siège.
Lanfranc les sauva l'un et l'autre en disant qu'ils
rendaient de bien grands services à Guillaume.
Canoniquement, le motif est insuffisant; mais, dans
les circonstances présentes, il fallait fermer les
yeux sur de pires misères. En 1074, Thomas demanda au Primat deux suffragants pour l'assister
dans le sacre de l'évêque des Orcades. Lanfranc les
lui envoya avec empressement. Quand se tint à
Londres le grand concile national de 1074, pour
régler certains points de discipline, Lanfranc fit une
place à part à Thomas (1).

(1) « Consedentibus secum viris venerabilibus Thoma Ebo-
racensi, archiepiscopo, Gulielmo Londinensi, et Gothofredi
Constantiensi » (Vit. Lanf.).

Les décrets de ce concile montrent quelle était déjà l'action de Lanfranc, pour le maintien de l'ordre et des règles ecclésiastiques. On y décida que les prêtres prendraient rang par âge d'ordination; que les moines qui, à la faveur de la conquête, s'étaient déliés du vœu de pauvreté, et mourraient possédant quelque bien en propre, seraient privés de la sépulture ecclésiastique; que pour eux on ne sonnerait pas les cloches et qu'on ne dirait pas la messe; il fut défendu à tout évêque d'ordonner un clerc sans lettres testimoniales; à tout clerc de vendre ou d'acheter un office ecclésiastique; à tout fidèle d'épouser une parente jusqu'au septième degré, et d'user, pour se préserver des maladies, de sortilèges et maléfices, particulièrement de la pratique de suspendre dans les étables des os d'animaux morts, pour garantir le bétail des épizooties.

Les chroniqueurs saxons, dont l'irritation se comprend, ont reproché à Lanfranc de s'être fait nommer Primat, et même plus tard, et pendant quelques mois, Légat, uniquement pour déposer des évêques et des abbés saxons. Guillaume de Thorn l'accuse même d'avoir essayé de corrompre par l'argent les monastères, afin de faire élire des abbés normands, et il cite en exemple le couvent dont il fut moine : celui de Saint-Augustin, près de Canterbury. Ces reproches sont graves. Nous avouons que, tout au long de sa carrière, Lanfranc

paraît plus préoccupé qu'on ne le voudrait de
changer les titulaires saxons contre des normands,
et que vraiment il a peut-être abusé du droit qu'a
un maître illustre de donner aux meilleurs de ses
élèves, des places et des honneurs. Quand il relève
l'Église de Ross, depuis si longtemps privée d'évêque, qu'il fait reconstruire l'église de ses deniers (1),
qu'il donne à l'évêque des sommes considérables,
on ne peut s'étonner qu'il fasse nommer à ce siège
l'un de ses élèves, dont il est sûr : Hernost, moine
du Bec. Il faut également tenir compte de l'animo-
sité du clergé saxon qui a oublié de rappeler que
Lanfranc était sévère à toutes les corruptions, à
toutes les simonies, à toutes les vénalités, à toutes
les exactions, qu'elles vinssent des Normands ou des
Saxons, et qu'il ne craignait pas de s'attaquer directement aux amis les plus proches, et même au
frère du Conquérant, Odon, évêque de Bayeux et
comte de Kent (2). Nous croirions plutôt que si

(1) Les revenus de l'archevêque de Canterbury étaient immenses. D'après le Domesday Book, 23 fiefs relevaient directement de lui, et l'un des soins constants de Lanfranc,
fut de les faire cultiver, et de relever le temporel de son Église.
(Voir Mathieu Paris : « Maj. hist. », fol. 15.) En dehors de son
diocèse, sur ses terres, il avait quelques clercs qui jusqu'ici
avaient été sous la juridiction de l'évêque de Chester ; Lanfranc
leur interdit à l'avenir de faire à aucun autre qu'à lui-même,
acte d'obéissance.

(2) « Atterebat (Odo) homines Kantiæ » (Vit. Lanf.). Il paraît

Lanfranc apporte un certain parti pris à dépouiller les Saxons, c'est que, très frappé de leurs vices et de leur grossièreté, il n'estimait pas qu'il pût s'en servir pour le relèvement des mœurs et de la foi. Car enfin, il ne faut pas oublier qu'il est lombard d'origine, que dans ses veines ne coule pas le sang des Conquérants, qu'il a vu cette prodigieuse entreprise, non d'après l'instinct et le sentiment, mais avec un jugement calme et plutôt froid, que dans ses réformes il n'a mis nulle fougue, et qu'il est impossible de citer de lui, même en s'en rapportant à ses ennemis, un seul acte qui trahisse le vainqueur enorgueilli et brutal. Dans une expropriation si violente, marquée souvent par le vol, et qui, systématiquement, réduisit les indigènes à l'état de serfs et d'esclaves sur leurs propres terres, nécessairement les dépossédés devaient voir avec méfiance le plus haut dignitaire ecclésiastique, introduit pas les Normands. Il faut juger d'ailleurs l'administration de Lanfranc, non d'après nos idées, ce qui serait un anachronisme, mais d'après ses résultats. L'heureux effet de ses mesures est signalé par tous, et il suffit de parcourir le « Monasticon anglicanum », pour voir qu'il a relevé plus de mo-

bien que Lanfranc lui intenta un procès au nom de ses diocésains, car : « coram omnibus testimonio anglorum antiquorum qui periti erant legum patriæ deratiocinatus est. »

nastères qu'il n'en a dépouillés de leurs abbés saxons (1). D'autres s'étaient tellement mêlés aux luttes politiques que les conquérants avaient, au moins à leur point de vue, le droit de les supprimer, et que Lanfranc, en les « normannisant », n'a fait qu'en assurer l'existence. Tel était le monastère de Saint-Alban, fondé par les anciens rois de Mercie. Il y nomma son fidèle Paul, il en rédigea spécialement les constitutions, il y fit construire un « scriptorium » et y fonda une école célèbre de calligraphie (2), il lui assigna une part de ses propres revenus, lui suscita des libéralités des seigneurs normands. Si Paul, cependant homme lettré, sage, religieux, a pu être accusé de la profanation des tombeaux des rois de Mercie, et d'avoir, avec une insolence de parvenu, distribué des biens de son église à des Normands ignares et de mauvaises mœurs, Lanfranc ne peut en être tenu entièrement responsable.

Il est vrai que l'auteur qui, évidemment, est le plus favorable à l'archevêque de Canterbury, Milon

(1) « Per totam terram illam religio aucta est ». Eadmer: Hist. nov., 7 : « Religio » a le sens de discipline monastique. — Math. Paris: Flores, p. 227 : « Lanfrancus ordinem secundum regulam Sancti Benedicti in cœnobiis angliæ constituit. »

(2) Math. Paris : Vie des Abbés de Saint-Alban, p. 49 et suiv. Voici, à titre de curiosité, le nombre des ouvrages qui furent copiés dans le scriptorium de Saint-Alban : 28 volumes divers, 8 Psautiers, 1 livre d'Épîtres, 1 livre d'Oraisons, un Évangéliaire.

Crespin, avoue qu'il mettait une certaine ténacité à vouloir effacer de la liste des saints anglo-saxons, quelques noms qui rappelaient un peu trop l'indépendance, et que saint Anselme, venu le visiter, dut combattre sa thèse par des raisons auxquelles Lanfranc lui-même se rendit; mais des faits non moins précis nous prouvent que l'archevêque savait être libéral, dirions-nous aujourd'hui, et que bien souvent il adoucissait ou arrêtait même les rigueurs de la conquête.

En 1076, les évêques normands avaient comploté de chasser définitivement des monastères les derniers moines saxons, et avaient, paraît-il, l'assentiment du roi. Le projet avait été exécuté dans le diocèse de Went. Mais on n'avait pas sollicité l'autorisation de Lanfranc, doutant de l'obtenir. Averti cependant, le Primat fit rétablir les anciens moines, chasser les intrus, retourna l'esprit du roi, et, pour garantir l'avenir contre de pareils procédés, se fit écrire par le pape Alexandre II une lettre qui, sous peine d'excommunication, interdisait de semblables pratiques.

Peut-être dira-t-on qu'il agissait ainsi, non par pitié, mais par souci de la discipline religieuse. Or voici deux faits dont l'interprétation n'est pas douteuse. Mathieu Paris (1) raconte qu'il concéda à quelques

(1) Vie des Abbés de Saint-Alban, p. 53.

Saxons, de garder jusqu'à leur mort des terres qui, d'après le partage, revenaient à son église, et qu'il insista même auprès de Paul, abbé de Saint-Alban, pour qu'un certain Humbald pût garder, dans les mêmes conditions, la terre de Westwike, assignée à ce monastère. De telles concessions étaient hardies, et Lanfranc pouvait paraître un peu tiède aux Normands. Elles jettent en tout cas un peu de justice et de modération sur le fond des violences inexorables.

En 1074, les évêques normands manifestèrent la prétention de faire rentrer dans les monastères, pour augmenter les revenus, les jeunes filles saxonnes qui avaient dû fuir du cloître pour échapper aux outrages des soudards de Guillaume. Lanfranc fit déclarer qu'elles étaient libres, et qu'une telle nécessité rompait les vœux. Au contraire, dans les régions où les monastères avaient été respectés, des jeunes filles étaient entrées au cloître pour sauvegarder leur honneur. Lanfranc déclara que la pacification accomplie, elles étaient libres, et que de tels vœux étaient forcés (1). Que peut-on imaginer de plus sage et de plus favorable aux vaincus? Sur cette terre où avaient passé tant d'envahisseurs, les souvenirs de la conquête s'étaient mêlés plus d'une fois déjà à l'apostolat de la religion, de-

(1) Eadmer: Hist. nov., p. 7.

puis saint Augustin. Les chroniqueurs saxons ont oublié que le favori de leur roi Edward, Robert, devenu, de moine de Jumièges, archevêque de Canterbury, expropria hypocritement, en plein état de paix, plus de moines et d'abbés saxons que Lanfranc.

Il faut cependant tout dire. Même en tenant compte de la partialité de Guillaume de Thorn (1), il est assez difficile de justifier Lanfranc des mesures rigoureuses qu'il prit contre le monastère de Saint-Augustin de Canterbury. La présence d'un abbé normand, très sévère, avait contenu les divisions politiques trop bruyantes; quelques moines gardaient leurs convictions, mais n'étaient pas pour cela indisciplinés. Or, à côté de mesures très légitimes, comme de les rattacher à sa juridiction immédiate, Lanfranc en prit d'autres, simplement vexatoires, comme l'interdiction de sonner leur office avant celui de la maison épiscopale. Si même il fallait en croire Guillaume de Thorn, seul à raconter ces faits, il leur aurait imposé un abbé au nom de l'autorité royale, aurait fait saisir et emprisonner les moines récalcitrants, aurait chassé quelques autres qui, pressés par la faim, rentrèrent en promettant la soumission, aurait même fait battre de verges, à la porte du monastère, les plus compromis.

(1) Coll. Selden : Hist. angl. scriptores, tome II, p. 787 et suivantes.

Nous ne pouvons croire à ces excès qui concordent mal avec le caractère de Lanfranc, et nous pensons qu'il se montra toujours trop avisé pour avoir espéré vaincre par d'aussi brutales mesures, les résistances les plus secrètes du parti saxon. Celui qui juge le plus sagement ces questions complexes est Guillaume de Malmesbury (1) qui déclare que le chemin se bifurque vers l'un ou l'autre parti, et que la vérité est suspendue sur le doute.

Il nous semble que l'on peut admettre dans l'épiscopat de Lanfranc deux périodes très distinctes. La première irait approximativement jusque vers 1078, et c'est à elle que se rapportent, d'après des dates indiscutables, la plupart des actes violemment reprochés à Lanfranc par les Saxons. La seconde est au contraire caractérisée par un apaisement général, soit que la nation vaincue ait accepté le fait accompli, soit que Lanfranc se soit imposé définitivement par l'ascendant de ses vertus et le prestige de sa science, soit qu'aux yeux de tous, des bienfaits aient pu compenser, dans une certaine mesure, les maux. C'est la période d'organisation.

Il peut se faire, après cela, que Lanfranc ait arraché l'ivraie un peu trop vivement, et que même il

____

(1) De Gestis reg., p. 75 : « Lectorem præmonitum volo quod hic quasi ancipitem viam narrationis video, quia factorum veritas pendet in dubio. »

ait arraché, avec l'ivraie, quelques épis. Le déplorer serait singulièrement naïf, parce que nous avons beau nous entourer de tous les documents, la résurrection totale du passé est une illusion, en ce sens que nous pouvons bien reproduire les circonstances (et à peine), mais ne pouvons pas reproduire l'état d'âme. L'histoire vengeresse de la cause des opprimés et de la justice, c'est une conception théorique. Il suffit d'établir qu'un tel homme fut discuté, et des exemples innombrables prouvent qu'un procès ouvert par les contemporains n'a aucune chance de trouver une solution impartiale auprès de la postérité.

En tout cas, Lanfranc fut désintéressé, et cela mérite d'être remarqué dans de telles circonstances. N'est-ce pas à lui tout spécialement que songeait Guillaume, quand, à son lit de mort, il déclarait n'avoir jamais opprimé l'Église?

> Tout au contraire, je l'ai grandie et honorée
> Et aussi sa droiture gardée.
> Aucuns n'y furent simoniaques,
> Mais de saints hommes et loyaux
> Je l'ai enluminée en maints lieux (1).

(1) Benoît de Saint-Maur, v. 39367 et suiv^{ts}:

> Ainz l'ai creue e honorée
> E si sa dreiture gardée.
> C'unques n'en fui simoniaux,
> Ainz de sainz homes, de leiaus
> L'ai enluminée en mainz leus.

Non, tous les évêques nouveaux n'avaient pas été loyaux. Beaucoup, au lieu de relever la dignité de leur siège épiscopal, comme Lanfranc, l'avaient déserté, se contentant d'en toucher les revenus. Orderic Vital les traite de salariés et de tyrans (1). D'autres volaient les petits pécules des religieux, vidaient les poches, dépouillaient les couvents des tapisseries, des dentelles et des orfèvreries qu'ils emportaient, outre-mer, en Normandie, dans des lieux plus sûrs. D'autres débutaient dans leur ministère par la profanation en masse des tombeaux saxons. Guitmond, moine du Bec, les appelle des mauvais bergers. Tous leurs méfaits, leurs brutalités, leurs rapines, leurs maladresses, ont été attribués en bloc à l'épiscopat normand, et les bons évêques n'ont pas toujours été distingués des brigands auxquels étaient échus hélas! une église et un monastère, comme à d'autres un manoir ou une belle fille saxonne.

Ceux-là n'avaient pas pour excuse la conviction qu'ils exerçaient en Angleterre une haute mission pour la régénération de l'Église et le bien même des vaincus. C'est cependant à cette mission que crut sincèrement Lanfranc : pour la lui inspirer, il n'avait pas seulement les déclarations de Guillaume, chez lequel il est trop manifeste que la correction des mœurs et le relèvement de l'autorité religieuse, n'avaient été

(1) Hist. eccl., t. IV, p. 523 : « Stipendiarii..., tyranni. »

au moment de la conquête, et n'étaient, maintenant encore, que des prétextes pour masquer certaines spoliations, et détruire une nationalité en lui ôtant le lien qui avait été de tous le plus fort dans l'anarchie traditionnelle : la religion. Mais l'archevêque de Canterbury avait derrière lui toute l'autorité de Rome. Alexandre II n'est pas un pape politique : en favorisant les Normands, il n'avait pas 'entendu seulement favoriser la race de l'avenir, mais il avait voulu cette régénération des mœurs et de la foi, et surtout ce relèvement du clergé, trop impliqué dans les dernières luttes pour n'y avoir pas laissé souvent sa dignité. Quant à Grégoire VII, il est à peine besoin de faire remarquer que la conquête de l'Angleterre, avec l'investiture de la papauté, rentrait dans son dessein d'une vaste fédération de toutes les monarchies sous la main de l'Église, et que, au delà des mers, comme dans l'Apulie et la Calabre, les Normands lui semblaient les sûrs auxiliaires de cette politique. Trente ans après la mort de Lanfranc, Pascal II s'en tenait à la ligne de conduite de ses prédécesseurs, et loin d'appuyer les révoltes de la nation galloise, lui enjoignait, non sans sévérité, de se soumettre aux Normands. Lanfranc a donc unifié, pacifié, discipliné, régularisé. Si cependant les appréciations diffèrent sur son rôle, on reconnaîtra du moins que, lorsqu'il construisait des hospices et des léproseries, édifiait des cathédrales, réparait les bâtiments des monastères, distribuait des aumônes immenses, il n'était pas l'archevêque politique, mais le bon pasteur d'un troupeau décimé. Cette autorité même que les chroniqueurs saxons lui reprochent d'avoir exercée sur toute l'Angleterre, en dehors de son diocèse, fut un bien incontestablement. Sans elle, les vaincus n'auraient été, ni plus ni moins, sans doute, dépouillés par leurs maîtres, mais le clergé, plus soumis aux influences locales et personnelles, ne se serait pas placé entre le vainqueur et le vaincu, pour réfréner les appétits de l'un et soulager les misères de l'autre. C'est grâce à Lanfranc que les évêques normands gardèrent la retenue, une retenue relative, mais certaine, qu'Augustin Thierry n'a pas vue. Il a réuni tout ce qu'il a pu trouver d'injustices et de brutalités; il a omis les réformes et les bienfaits; et, à le lire, on pourrait croire que les infortunés Saxons, dans le deuil de toutes leurs espérances, éprouvèrent cette suprême et cruelle désillusion de voir l'Église de Dieu, providence universelle des malheureux, oublier son rôle sacré, s'associer à la barbarie du vainqueur, et achever les vaincus. Dans quel pays, dans quel siècle, a-t-on jamais vu que l'Église ait donné ce scandale? De toutes les paroles du Christ, il n'en est pas qu'elle ait mieux gardée que le « misereor super turbam ». J'ai pitié de la foule!

CHAPITRE VII.

Les vertus et le caractère de Lanfranc.

—

Sommaire. — Caractère affable de Lanfranc. — Son zèle pastoral. — Sa charité ingénieuse et délicate. — Les vives saillies de son esprit. — Il fonde l'hospice de Saint-Grégoire et un hôpital pour les lépreux. — Reconstruction de la cathédrale, de la maison épiscopale et de ses dépendances. — Souci constant de la discipline monastique.

Avec une simplicité touchante, parce qu'elle trahit non pas le panégyrique, mais la reconnaissance et la vénération d'un peuple, tous les historiens et tous les chroniqueurs nous ont parlé des œuvres charitables de Lanfranc. Pour nous qui étudions son histoire plutôt que ses vertus, nous n'avons pu passer ces dernières sous silence. Le portrait eût été incomplet. A mesure que nous pénétrons le caractère de cet homme, nous nous rendons mieux compte des polémiques et des controverses suscitées par son nom. La politique, maniée même par un homme de devoir et même par un saint, n'arrive jamais à s'épurer complètement ; nous dirons, si l'on préfère, qu'elle empêche l'unanimité des suffrages de se réaliser sur un nom. C'est pourquoi, avant d'étudier dans Lanfranc le ministre et l'homme d'État, nous avons voulu énumérer à nos lecteurs ses vertus et ses bonnes actions.

« Il n'était pas, dit Guillaume de Malmesbury (1), un bienfaiteur inconsidéré ; ses libéralités se dissimulaient discrètement sous la sérénité et la gaieté de son âme. Son regard lumineux était toujours gracieux à l'obligé ; il était clair comme le soleil du matin qui dissipe les nuages, apaise les vents et purifie l'atmosphère. » Avec une affectation littéraire qui n'est peut-être pas exempte de quelque mauvais goût, le portrait est beau, expressif, et il serait, après tout, difficile de mieux dire, de mieux peindre cette joie de l'âme qui éclairait le visage du « bon Lanfranc ».

Cette joie était une vertu, car cet homme de santé débile, accablé de travail, n'aimait pas les honneurs ; il était imaginatif, sentait très vivement les inimitiés, souffrait d'être incompris. Il regrettait toujours son abbaye du Bec : certaines grossièretés des vainqueurs ou des vaincus le rebutaient. Il avait besoin d'amitiés, il s'attachait avec reconnaissance et fidélité à ceux qui lui faisaient du bien, et c'est le secret des immenses services que, dans sa reconnaissance, il a rendus à Guillaume. Il éprouvait de grands découragements, voulait démissionner, sup-

____

(1) De Pont. angl. ad Lanfr. : « lux vultus ejus. »

pliait le pape de le relever de ses charges (1), et, comme nous le verrons, le chagrin et l'ingratitude de Guillaume le Roux, hâtèrent sa fin de quelques années.

Il organisa sa maison épiscopale à la manière d'un monastère: tous mangeaient en commun, récitaient l'office en commun, au son de la cloche, selon l'esprit de l'Église, et comme il en avait été, principalement en Afrique, aux IVe et Ve siècles. Il vivait moins qu'il l'eût souhaité dans cette retraite. Ses voyages à Rome, en Normandie, ses visites incessantes, non seulement dans son diocèse, mais chez ses suffragants et dans toute la conquête, en toutes saisons, et par des routes difficiles, absorbaient son temps. C'est surtout dans ses visites qu'il entrait en contact avec les populations, évitant d'ailleurs les riches manoirs, et préférant aller aux pauvres pour leur distribuer du pain, des vêtements, des chaussures; pour les servir.

Il avait des ressources d'une ingéniosité exquise pour dissimuler ses bienfaits aux yeux même de l'obligé. Malmesbury raconte que sachant la grande pauvreté de deux clercs, il les fit venir devant lui et argumenter sur une thèse quelconque, pour trouver l'occasion de donner à tous deux une forte somme (2): à l'un, le vainqueur, comme récom-

(1) Epist. Lanf. ad Greg. Pap.
(2) Ibid.: « scientiæ præmium ; verecundiæ solatium. »

pense: à l'autre, le vaincu, comme consolation.

Un de ses moines avait sa mère âgée et infirme, et le vœu de pauvreté ne lui permettait pas de lui venir en aide. Chaque année Lanfranc donnait à ce moine la valeur de trois cents francs de notre monnaie pour qu'il les remît à sa mère, par portions mensuelles. Un jour il lui remettait une petite somme clandestinement, enveloppée dans un morceau de drap, car d'autres moines étaient proches. La pauvre vieille les perdit, le moine était tout triste, mais Lanfranc le rencontre, et avec ce visage bienveillant qu'il se composait vis-à-vis des affligés: « Ces cinq sous, dit-il, un passant qui sans doute en avait besoin, les a ramassés. Dieu les lui avait réservés. Mais je vous en donnerai sept pour votre mère » (1). Combien d'autres faits de ce genre ne nous sont point parvenus, car les saints n'ont pas coutume de crier leurs aumônes sur les toits! Il était si généreux, dit Milon Crespin, que jamais on n'avait vu « un Lombard si large (2) venu de l'Italie ». Cependant beaucoup, et de très riches, s'étaient établis en Normandie et en Angleterre, et si on faisait à quelques-uns une réputation d'avarice, la plupart étaient fastueux et dépensiers.

(1) Eadm.: Hist. nov., p. 8.
(2) Mil. Crespin (Vit. Lanf.) : « tam largum Longobardum. »

Cette aménité de caractère se traduisait quelquefois par de vives saillies d'esprit. Un jour (1) qu'il
disait la messe, un diacre assistant devint fou, on
le crut du moins. Il tirait l'archevêque par les épaules. Il fallut l'arracher de force de l'autel. En réalité, il était possédé : il disait des sottises, ricanait à
tout, avait des tumeurs qui lui couraient sous la
peau. Un exorciste n'osait en approcher, craignant
de dures vérités, mais il fut se confesser à Lanfranc,
et revint au possédé : « qui t'a blanchi? » lui dit le
diable, et sans ajouter un mot, il quitta le corps
tumultueusement. Et le biographe d'ajouter, évidemment sous l'inspiration de Lanfranc, dont il
n'est pas inutile de rappeler qu'il avait écrit un
Traité sur le secret de la Confession, que la confession enlève, même au diable, la mémoire de nos
péchés.

A la suite de démêlés qui ne sont pas de notre
sujet, et probablement parce qu'il le trouvait trop
encombrant, Guillaume le Conquérant voulait faire
jeter en prison son propre frère, Odon, évêque de
Bayeux et comte de Kent. Il s'en ouvrit à Lanfranc :
« Mets-lui la main dessus, dit l'archevêque, et en-
chaîne-le. » — « Eh quoi! répondit le roi, c'est un
clerc! » Mais Lanfranc rit très haut: « Tu prendras
l'évêque de Bayeux, lui dit-il, mais tu garderas le

(1) Mil. Crespin.

comte de Kent » (1). Dans la Grosse-Tour de Rouen, Odon éprouva que le conseil subtil avait été suivi. On ne s'imagine guère l'un des successeurs de Lanfranc, saint Thomas Becket, offrant ainsi des accommodements facétieux au pouvoir temporel.

D'ailleurs si ces traits nous révèlent un côté du caractère de Lanfranc, il ne faut pas y appuyer outre mesure, car ce n'est point par là assurément, mais par sa simplicité et sa charité, que son souvenir s'est gravé dans les générations. « Tu étais pauvre dans les richesses, tu aimais les pauvres ». C'est le meilleur de ses panégyriques (2), qui ait été fait sous cette simple invocation.

Il fonda, aux portes mêmes de Canterbury, un hospice très vaste, avec des bâtiments, tous en pierre, affectés aux principales maladies, et divisé en deux parties, sans aucune communication, pour les femmes et pour les hommes. En face, de l'autre côté de la rue, il édifia une chapelle qu'il dédia à la mémoire du pape saint Grégoire. Il établit une communauté de chapelains pour le service de cette chapelle et de l'hospice (3). Par la suite, il donna à

(1) Guill. Malmesb.: « De Gestis reg. angl. », t. IV.
(2) Épitaphe de Lanfranc, par l'abbé de Bonne-Espérance:

... Vixisti vivens, mors quoque vita tibi,
Inter divitias pauper, Lanfrance, fuisti,
Divitiis manans; pauperum amator eras...
Per te florentes artes valuere Latinæ.

(3) Eadm.: Hist. nov., p. 9.

cette chapelle une très grande importance. Les archevêques de Canterbury avaient eu jusqu'ici un évêque-coadjuteur, les besoins du diocèse l'avaient exigé (1), car ils étaient souvent occupés de politique, par les nécessités des temps, et quelques-uns avec ardeur, tels particulièrement les deux prédécesseurs de Lanfranc : Stigand et Robert. Lanfranc supprima cette coadjutorerie, profitant de la mort de l'évêque. En échange, il installa un archidiacre, lui donna pour résidence ce monastère de Saint-Grégoire, avec une juridiction très étendue, sauf en ce qui concernait les causes matrimoniales, et les églises relevant immédiatement de l'archevêque (2).

Un peu plus au nord, Lanfranc fit construire, pour les lépreux, des baraques de bois, faciles à désinfecter par l'incendie (3). A cette époque, il y avait en Angleterre un ordre religieux spécialement attaché au service des lépreux, l'ordre des Frères de Saint-Julien (4).

Il releva la dignité de la maison épiscopale ; sobre, mortifié, il recevait cependant avec apparat,

(1) Parker : Antiq. brit., ad Vit. Lanfr.

(2) Sommer : Antiquities of Canterbury. Cet auteur donne un plan de la ville, au XIII⁰ siècle ; au delà de la Northgate (barrière du nord), on voit l'église et le monastère S. Gregory's.

(3) Eadmer : Hist. nov., p. 9.

(4) Math. Paris : Appendices à l' « Historia major.»

et donnait habituellement l'hospitalité à des personnages illustres d'Angleterre, de Normandie et
d'Italie. Il fit construire, pour lui et ses successeurs,
des maisons de pierre, à la ville et à la campagne.
Au chevet de sa cathédrale, il édifia, pour lui-même
et ses collaborateurs, un vrai monastère avec toutes ses dépendances. Dans toutes les parties de son
diocèse, des couvents étaient bâtis en bois: il les
remplaça par des constructions de pierre. Il faisait
venir les pierres, par des bateaux à voiles, de Caen,
toutes taillées (1).

Il apporta surtout ses soins à la restauration de son
église cathédrale. Fondée sous le règne d'Éthelbert,
en 596, sur l'emplacement d'une plus vieille église,
remaniée plusieurs fois, l'incendie et le temps l'a-
vaient presque entièrement ruinée (2). D'immenses
travaux furent exécutés, qui exigèrent sept années,
puis, sans doute en souvenir de Caen, et par une
attention délicate pour la pieuse Mathilde, Lanfranc
changea le vocable de Saint-Sauveur en celui de
Sainte-Trinité. Elle devait encore être brûlée en
1130, reconstruite, et appelée église du Christ. Il
fit, en 1073, confirmer par le Conquérant, toutes les

(1) Eadmer: Hist. nov., p. 7 et passim; et Milon Crespin
(Vit. Lanfr.).

(2) Sommer, p. 150: « Which it seemes by fire on otherwise
fell shortly to decay a second time. For of certaine, it wos greatly
ruinated when Lanfranc came to the chaire. »

chartes de donations et les privilèges, assura le
service divin par des chapelains, dont il conféra le
décanat à Henry, qui avait été quelque temps prieur
de Saint-Étienne de Caen. Il entoura d'un mur très
élevé qui, au besoin, dans des troubles toujours à
prévoir au début d'une conquète, pouvait servir de
défense, toutes ses constructions : cathédrale et dépendances, habitation des chapelains, maison de
l'évêque, maison de ses archidiacres et aumôniers,
avec des abris temporaires pour les fidèles, et des
salles pour la distribution aux indigents, de vivres
et de vêtements. C'était tout un quartier, que l'on
appela la cour de l'archevêque : « curia archiepis-
copi. » D'après Godwin, évêque anglican de la première création, par conséquent peu suspect, et cité
par Michael Alford (1), peu favorable aux Normands,
le nombre des moines, dans la seule ville de Canterbury, serait allé, sous l'administration de Lanfranc,
de 30 à 140, et encore, au début de son épiscopat,
avait-il chassé un grand nombre d'indignes. Il était
pour tous un frère et un bienfaiteur (2). Malgré ses
occupations, chaque année il se retirait huit jours
dans l'un ou l'autre des monastères de son diocèse,
exigeait qu'on ne fît pas plus d'attention à lui qu'aux
autres moines, et, tout en revivant les beaux jours

(1) Annal. eccl., ad Lanfranc.
(2) Eadmer, p. 8 : « erga fratres ipsius ecclesiæ, quam pius,
quam bonus, quam beneficus exstiterit. »

de l'abbaye du Bec, il se reposait de ses fatigues
dans l'oraison. Il faut ajouter qu'il continuait à
s'occuper avec intérêt des travaux de reconstruction du Bec. Il vint consacrer l'église en 1077. Il
ramena quelque temps en Angleterre le vieux Herluin. Il le logea dans son palais, et le traita avec une
déférence filiale qui émerveillait tout l'entourage.

Il donna les plans de reconstruction de l'abbaye
de Saint-Alban ; aida de ses deniers et de ses conseils
à la réfection de l'église métropolitaine d'York ;
s'occupa, comme s'il s'était agi de son propre diocèse, de faire construire à Ross une église, un palais épiscopal, des dépendances, un monastère. Au
moment de sacrer Hermost, évêque de cette ville, et
quand il prenait sur l'autel, pour en revêtir l'élu,
les ornements pontificaux, son premier regard rencontra cette inscription : « Cito proferte stolam pri-
mam » : « Apportez vite sa première robe. » Dans
cette coïncidence, Lanfranc vit un présage de mort
prochaine pour le nouvel évêque. Il mourut en
effet dans l'année (1). Lanfranc le fit remplacer par
Ingulf, qui venait aussi du Bec. C'est cet Ingulf qui
a écrit, de toutes les épitaphes que nous avons de
Lanfranc, la plus ampoulée et la plus fade (2).

_____

(1) Math. Paris : Maj. hist., p. 15.
(2) Elle ne mérite pas d'être citée, mais on la trouve dans la
Vie de Lanfranc par Milon Crespin.

Lanfranc soutenait ainsi en Angleterre la réputation de moine bâtisseur qu'il s'était faite en Normandie. Ces travaux frappèrent vivement tous les contemporains. Il serait peut-être excessif de comparer Lanfranc aux évêques civilisateurs des temps barbares, mais il faut lui reconnaître les qualités les plus précieuses de l'organisateur et de l'administrateur, servies par un grand zèle, et l'intelligence la plus pénétrante des besoins de son peuple.

Il faut aussi remarquer que Lanfranc était un vieillard, ou bien près, quand il vint à Canterbury; il avait en effet 67 ans. Il a eu 19 ans d'épiscopat, mais, sur la fin de sa vie, son énergie faiblissait. La mort de Mathilde, en 1083, qui avait eu une grande influence par sa douceur et sa bonté, et que Lanfranc vénérait particulièrement; la mort de Guillaume en 1087; l'ingratitude de Guillaume le Roux, avaient été des coups trop rudes à supporter. Il nous paraît bien que Lanfranc, ou n'a pas eu le temps, ou n'a pas eu cette survie d'activité, si rare à 80 ans, qui lui auraient permis de parfaire son œuvre. Il a voulu restaurer la discipline et les ordres monastiques : ce but, il l'a pleinement atteint, ses constitutions ont eu, pendant des siècles, force de lois. Il avait conçu une organisation pratique de la charité, non par les aumônes, mais par les œuvres durables et collectives: on peut dire ici qu'il n'a pas pu réaliser son plan, et que ce qu'il a fait n'est

rien auprès de ce qu'il avait l'intention de faire.
Pour ces œuvres, il fallait des ressources; pour
avoir des ressources, il fallait d'abord relever le temporel des églises. Il avait voulu répandre la science
dans les couvents et dans le clergé séculier : ici encore, il n'a pu réaliser tout son plan : quelques écoles où l'on élevait de jeunes garçons que l'on me-
nait peu à peu au sacerdoce, quelques chaires de
théologie établies dans les monastères, des encou-
ragements aux moines transcripteurs des manuscrits, c'est tout, dans un sujet qui devait cependant
lui être si à cœur. Non seulement donc, il n'a pas vu
tous les fruits de ses œuvres, mais il n'est pas même
allé jusqu'au bout du sillon : d'autres l'ont repris
après lui. Il a travaillé dans l'heure ingrate. Ce ne
fut pas sa faute; ce fut la volonté de Dieu. Mais au
travers de sa personne, et dans la flamme de ses
yeux, et dans sa parole attendrie et souvent mélan-
colique, ses prêtres avaient vu le rayonnement de
la charité. S'il l'avait fallu, il aurait versé son sang;
il a donné sa vie goutte à goutte.

Ce qui nous frappe le plus dans son histoire, c'est
qu'il apporta toujours à toutes ses œuvres les mêmes qualités : prieur, archevêque ou homme politique, il n'a jamais son éducation à compléter. C'est
peut-être que, en toutes choses, il se tient à sa
place, ne touchant aux affaires que dans la mesure
où il peut y concourir. Il semble s'être fait, une fois

pour toutes, quand il fut prieur du Bec, une conception sur la direction des âmes et le gouvernement
des hommes, un programme, si j'ose ainsi dire.
C'est ce programme qu'il applique, très souple,
ployable aux circonstances. Sa grande autorité, l'influence qu'il exerça sur ses collègues dans l'épiscopat et sur les seigneurs normands, ne viennent
pas de ce qu'il ait eu du génie, car il ne faut rien
exagérer, mais viennent du prestige qu'a toujours
un homme de raison et de calme sur ceux qui se
laissent plutôt conduire par les appétits.

Il a brillé comme un flambeau, dit Guillaume de
Malmesbury, et c'est une comparaison que beaucoup
d'autres ont appliquée à l'archevêque. Il a brillé
« comme Lucifer qui secoue les ombres et fait fuir
les astres, devançant l'aurore » (1).

S'il eut des ennemis, ses amis furent plus nombreux. Nous ne parlons pas ici de ses élèves, liés à
lui par la reconnaissance. Tous ceux qui l'appro-
chaient gardaient un vif souvenir de sa bonne
grâce, et on ne lui demandait jamais un service en
vain. Nous rappellerons cependant Durand (2), né

(1) De Gest. reg. ad « Gulielmum », « In Kantia Lanfrancus
qui talis Anglia dono emicuit,
Qualis discutiens fugientia Lucifer astra
Cum roseo clarum provehit ore diem. »

(2) Ord. Vital : Hist. eccl., VII, ad annum 1088. Durand est
l'auteur d'un livre sur la Réalité du Corps et du Sang de
Jésus-Christ, dans l'Eucharistie.

au Neubourg, moine de Fécamp, plus tard abbé de Troarn, et le conseiller souvent écouté de Guillaume : et surtout Gislebert, l'archidiacre de Lisieux, choisi pour négocier en cour de Rome la future conquête, plus tard et pendant 40 ans évêque d'Évreux, chez qui Lanfranc s'arrêta quelques jours lorsqu'il revint de son voyage de Rome, en 1072, avec Thomas d'York. Gislebert assistait à la dédicace du Bec en 1077 ; en 1078 il présidait les funérailles d'Herluin. Homme de grande piété et d'une haute science, il fut choisi pour prononcer l'oraison funèbre de Guillaume dans l'église abbatiale de Saint-Étienne, et à l'issue de la messe, avant la scène pathétique d'Asselin, il put parler sans artifices du néant des grandeurs humaines.

Même ceux qui n'avaient pas été les élèves de Lanfranc aimaient à se rattacher, à se grouper autour de lui, pour peu qu'ils gardassent quelque curiosité de la science et quelques soucis des lettres divines et humaines. Peu de ses lettres nous restent, mais le nombre de ceux à qui celles qui nous sont parvenues étaient adressées, est proportionnellement considérable. Depuis les rois et les reines jusqu'aux plus obscurs des moines, tous lui demandaient des conseils, et il répondait à tous : avec autant d'attention à Symon, moine (1), qui veut quitter

(1) Dans le manuscrit latin n° 539, Bibliothèque de l'Arsenal, Cf. l'appendice II à la fin de ce volume.

son couvent (1), qu'à Guillaume, roi d'Angleterre,
duc de Normandie. En cela, il est bien de la génération des évêques de la première Église qui, prenant à la lettre le précepte de se faire « tout à tous »,
devenaient volontiers les directeurs de leurs prêtres et de leurs fidèles. Il aimait surtout à éveiller
autour de lui les vocations religieuses, et à conduire au sacerdoce les esprits d'élite. C'est lui qui
décida de la vocation de saint Anselme, alors que
le futur métaphysicien n'était qu'un jeune-homme
ambitieux. C'est lui qui a donné à l'Église Jean
d'Avranches et Yves de Chartres, et, surtout vers la
fin de sa vie, il aimait les réunir dans son palais et
leur rappeler, avec les paroles de saint Paul, qu'il
les avait engendrés à Dieu.

CHAPITRE VIII.

—

Lanfranc, conseiller politique de Guillaume le Conquérant.

Sommaire. — Guillaume fait de Lanfranc son plus fidèle conseiller politique et lui donne une situation prépondérante dans toute l'Angleterre. — Lanfranc participe durement à la répression d'une révolte des Saxons. — Il élève le Roux, fils du Roi. — Guillaume se repose sur lui du soin d'assurer la transmission de la couronne. — Querelle des investitures. — Négociations de Lanfranc avec le Saint-Siège pour la question de l'hommage et du denier de Saint-Pierre. — Sa correspondance avec Marguerite d'Écosse, le roi des Hébrides et les évêques d'Irlande.

Lorsque Guillaume quittait l'Angleterre pour retourner en Normandie, Lanfranc était le chef et le gardien de la conquête, tous les comtes et barons lui étaient soumis, et il décidait avec leur aide des mesures qu'il fallait prendre pour la défense, la paix et l'administration du royaume.

Ces paroles sont de Guillaume de Malmesbury, le plus précis, le plus exact de tous les historiens et chroniqueurs de l'époque (1).

(1) Guill. Malm. : De Gestis reg., p. 3 : « absente rege princeps erat et custos angliæ subjectis sibi omnibus principibus et

Eadmer nous dit que tous les regards du royaume étaient fixés sur Lanfranc (1).

L'archevêque de Canterbury avait-il donc un titre officiel de ministre? Nous ne le pensons pas. Aucun historien ne le dit. Il nous reste deux lettres politiques de Lanfranc à Guillaume : elles sont d'un conseiller plutôt que d'un ministre. En l'année 1085, dans le même temps que le roi est allé en Normandie, Lanfranc fait un voyage à Rome : c'est donc qu'il n'a pas la responsabilité effective et officielle du royaume, pendant l'absence du maître. Faut-il dire enfin qu'on ne saisit nulle part chez Lanfranc un plan de gouvernement, un plan d'administration, complet, arrêté, un système de vues politiques, mais simplement des conseils sagaces et des négociations habiles? Ce n'est pas d'ailleurs pour diminuer son influence. Très probablement directeur spirituel de Guillaume, pénitent peu maniable dont il arriva cependant à faire un homme de foi profonde et très humble devant Dieu, il fut aussi le conseiller politique de chaque jour. Avec sa grande facilité d'assimilation, son jugement ferme, il pénétrait certainement mieux que Guillaume, rusé, mais violent, les problèmes compliqués de l'admi-

juvantibus, in iis quæ ad defensionem et dispositionem vel pacem regni pertinebant. »

(1) Hist. nov., p. 14 « ad nutum illius totius regni spectabat intuitus. »

nistration, de la diplomatie, des relations de l'État
et de l'Église. Il connaissait mieux les hommes, son
ministère le mettait de plus près en contact avec
les vaincus, il pouvait dire quand il fallait employer
la douceur et quand la force. Il observait tout, il
rendait compte de tout à Guillaume, comme ami.
Le duc de Normandie n'avait pu réaliser la conquête de l'Angleterre, qu'en faisant à ses vassaux
des promesses difficiles à tenir. Il avait été ainsi
amené à donner les premiers postes à de vaillants
seigneurs sans doute, et qui avaient fourni de nombreux hommes d'armes, mais qui n'étaient pas pour
cela, bien au contraire, de meilleurs administra-
teurs. Il craignait même chez eux des velléités d'indépendance, ou que l'un d'eux fût tenté de faire,
sur les parties non encore conquises, ce qui lui
avait à lui-même si bien réussi. Sous l'appareil des
armes et de la violence, il sentait les secousses et
les déchirements. Seuls, les Saxons ne pouvaient
rien : ils auraient pu ce qu'ils auraient voulu, s'ils
avaient eu la sagesse politique de diviser les envahisseurs. La Normandie pouvait suffire à occuper
à elle toute seule l'homme le plus actif. Qu'était-
ce quand il y fallait joindre les démêlés avec
le roi de France, avec le duc de Bretagne ou le
comte du Maine? et quand, à cette vaste province, il fallait ajouter les soucis d'un royaume à
conquérir, à pacifier, à organiser? Guillaume avait

donc besoin d'un homme qui pût observer, surveiller, du haut d'un poste élevé. C'est ainsi que nous comprenons le rôle de Lanfranc, et nous croyons qu'Augustin Thierry (1) force beaucoup le sens des mots, lorsqu'il traduit « princeps et custos » par lieutenant royal. Par contre il a raison (2), lorsqu'il fait remarquer que presque tous les évêques normands étaient des créatures de Guillaume, et que celui-ci pouvait compter sur leur influence absolue au service de sa politique. Il sanctionna même cette influence lorsque, créant des tribunaux épiscopaux entièrement indépendants des tribunaux civils, il mit à la disposition des évêques, pour faire exécuter les sentences ou même forcer les prévenus à comparaître, la force armée et l'autorité des comtes.

Il serait donc du plus grand intérêt d'avoir la correspondance du roi et de l'archevêque. Nous suivrions ainsi, pas à pas, son influence. Or, parmi les lettres mises sous le nom de Lanfranc, dans ses œuvres, c'est le très petit nombre qui est de lui, et encore plusieurs ne renferment que des réponses théologiques et disciplinaires. Notamment, il n'en est que deux qui soient adressées à Guillaume. Fort heureusement, d'autres recueils,

(1) Conq. de l'Angl., t. I, p. 387.
(2) Conquête, t. I, p. 435.

des citations d'historiens et de chroniqueurs, nous
permettent, dans une large mesure, de suppléer à
cette lacune, et de rapporter à des faits très précis
l'influence politique de Lanfranc.

En 1074, à Norwich, dans le comté de Norfolk,
se célébrèrent somptueusement les noces de la sœur
du comte d'Herford (un normand), avec le comte
de Norfolk (breton du Continent). Parmi les invités se trouvait le neveu par alliance de Guillaume,
le comte de Huntingdon, saxon réconcilié. C'est
dans ce repas que s'ourdit un des complots les
plus sérieux contre le roi, car ce complot avait
pour inspirateurs les deux comtes normands, irri-
tés par la dureté de Guillaume et se jugeant insuf-
fisamment récompensés, et il pouvait trouver un
exécuteur immédiat dans le comte saxon. Évidemment la partie était mal liée, mais aussi Guillaume
était en Normandie. Les Saxons eux-mêmes firent
cependant échouer le complot, d'abord par la tié-
deur, puis par les armes, en empêchant le comte
d'Herford de sortir de son gouvernement. Il est
assez naturel d'ailleurs qu'ils n'aient pas vu quel
intérêt il y avait pour eux, puisqu'ils étaient con-
quis, à changer un normand pour un autre. Lanfranc intervint lui-même en excommuniant les
rebelles, et, stimulant le zèle des Normands, fit lever et partir quelques troupes. Les conjurés furent
défaits et traités avec cruauté : on coupa le pied

droit aux prisonniers (1). Deux lettres de Lanfranc racontent en détail cette répression facile. On l'y voit peu tendre aux rebelles: les uns sont des parjures, ce sont les Normands, et le mot est mérité; mais il appelle les Saxons des brigands; c'étaient sans doute ces malheureux à qui on avait tout enlevé, mis hors la loi, vivant au fond des forêts, et qui avaient cru voir luire la liberté. Il traite les Bretons « d'ordure »(2). Nous avouons qu'il ne nous plait pas du tout de l'entendre invoquer sur cette répression indigne de cruauté, le cantique de la Nativité, le cantique de paix (3). Il fallait donc que les conquérants eussent eu bien peur? Quant à Guillaume, il était sur le Continent, occupé à préparer une guerre avec le duc de Bretagne. Il voulut rentrer en hâte, mais Lanfranc lui écrivit de laisser à ceux d'Angleterre l'honneur de la répression, et il l'appelle l'ange de Dieu! angelum Dei! Il faut mettre sur le compte de la recherche et du mauvais goût assez fréquents dans le style de Lanfranc, cette expression que nous trouvons étrange. Elle prouverait tout au plus que les meilleurs, les plus estimés, les plus désintéressés, envisageaient bien la conquête

(1) Ord. Vit.: Hist. eccl., t. IV; et Epist. Lanf., dans Opera omnia.
(2) « Spurcitia Britonum. » Ep. Lanf.
(3) « Gloria in excelsis Deo. » Ep. Lanf.

comme une mission divine. Mais ce n'est pas une flatterie. Trois fois par an Guillaume tenait sa cour solennellement : à Winchester, pour Pâques ; à Westminster, pour la Pentecôte ; à Glocester, pour Noël. Aux fêtes de la Pentecôte, il avait une année fait asseoir à sa droite, pendant le repas, l'archevêque-primat. Un bouffon, ou un mendiant désireux d'une forte aumône, s'écria, à la vue des magnifiques vêtements du roi : « Deum video ! » : je vois Dieu ! Lanfranc s'en fâcha comme d'un blasphème, et demanda que le malheureux fût vigoureusement frappé : ce que l'on fit (1). Par ces détails, il est bien certain que Lanfranc se révèle impressionnable, vif et spontané, capable de faire ou d'écrire ce qu'il pourrait regretter plus tard. A l'expansion de son enthousiasme pour un complot réprimé, nous préférerions le cri de l'évêque et du père pleurant sur les misères de son peuple et demandant leur pardon. Mais chez lui, la raison et la volonté reprenaient vite leur empire, et ce ne sont là, après tout, que les ressauts de la nature. Il fallait dire ces choses pour le souci de l'impartialité. Il n'eut plus d'ailleurs à rendre à Guillaume des services si périlleux à sa mansuétude. Le roi, en effet, ne quitta plus l'Angleterre qu'en 1085. Il n'y devait pas rentrer, car la mort le surprit. On voit donc dans quel sens

(1) Milon Crespin (Vit. Lanfr.) : « acriter verberari jussit. »

il faut entendre cette prétendue lieutenance qu'aurait exercée Lanfranc pendant les absences de Guillaume. Elles sont exactement au nombre de trois (nous parlons bien entendu d'absences prolongées et non pas de voyages); la première au printemps qui suivit la conquête, et Lanfranc était abbé de Caen; la deuxième en 1074, et nous venons de voir le rôle de Lanfranc; la troisième en 1085, et Lanfranc fit à ce moment un voyage à Rome.

Guillaume, peu de temps avant son dernier départ, avait réuni autour de lui ses meilleurs barons et quelques évêques, parmi eux Lanfranc, et des clercs et maîtres de philosophie, pour leur demander conseil sur la manière de régler sa succession. Une angoisse lui serrait le cœur; il vieillissait, un embonpoint excessif l'alourdissait. Plus tard, que deviendrait cette œuvre à laquelle il avait sacrifié tous les scrupules, pour laquelle il avait versé tant de sang? Comment diviserait-il entre ses trois fils ses possessions d'Angleterre et de Normandie?

Guillaume le Roux était le second, mais le préféré. Il avait été élevé par Lanfranc. Le roi avait aussi proposé à l'aîné, Robert, de suivre la même direction de ce savant homme, mais Robert avait répliqué qu'il n'avait pas de sermons à entendre, et qu'il en avait assez subi quand il apprenait la

grammaire (1). Ni le roi, ni l'archevêque ne se faisaient illusion sur le Roux : il sera cruel, disait son
père, et malfaisant, haï, méprisé, outrageant (2).
Il le choisit cependant pour héritier de l'Angleterre;
laissant à Henri les trésors; à Robert, la Normandie. Les conseils de Lanfranc l'y décidèrent sans
doute, et il pensa que, si l'archevêque ne pouvait
plus se promettre assez d'années pour continuer
longtemps auprès du jeune roi ses bons offices, il
serait du moins un grand appui pour ses débuts.
L'erreur fut grande et douloureuse à Lanfranc,
nous le verrons bientôt. Mais la manière dont le
Conquérant s'y prit pour réaliser ce projet, montre
quelle était en toute l'Angleterre l'autorité de Lanfranc. Il ne désigna pas formellement Guillaume le
Roux pour son successeur, car il craignait qu'il ne
fût pas accepté et que les mécontents ne se rallias-
sent autour de ses deux frères. Il se contenta d'ex-
primer le souhait qu'il fût placé sur le trône (3),
laissant à la dextérité et à la douce influence de
Lanfranc, le soin de réaliser ce souhait. En effet,
quelques mois après, de son lit de mort, il fit partir

(1) Ord. Vit. : Hist. eccl., t. IV.
(2) Continuation anonyme du Roman du Brut :

> ... Meis mult cruel et malfesant,
> Pur ses utrages mult doté,
> De plusors haï et poi prisé.

(3) Ord. Vit. : ibid., t. VII.

le Roux outre-mer, avec une lettre scellée de son sceau, dans laquelle il priait l'archevêque de le couronner (1). Lanfranc n'avait pas su rendre plus doux, plus humain, le caractère mi-sauvage du jeune Guillaume, et sans doute, mieux que quiconque, il savait à quoi s'en tenir ; il exécuta cependant avec respect la dernière volonté du Conquérant. Il n'y a aucune exagération à affirmer que, disposant comme Primat de la sanction du sacre, et jouissant d'une si grande autorité sur le clergé, les comtes et barons, il a, dans une certaine mesure, tenu dans ses mains le sort de l'Angleterre, et qu'il a, plus que personne autre, assuré la transmission paisible de cette couronne achetée par tant d'horreurs et de violences.

Quel était son sentiment sur la politique du Conquérant lui-même, une lettre émue, remarquable de sagacité, nous l'apprend. Il avait quelques difficultés avec le Pape, qui lui reprochait doucement de ne pas mettre au premier rang de ses préoccupations les droits politiques du Saint-Siège. Ce pape était cependant Alexandre II, son ancien élève.

(1) Roman du Rou, t. II, p. 294 :

> Meiz ultre mer l'enverrai,
> A l'arcevesque preirai
> Ke la corone li dreit.

Cf. Benoît de Saint-Maur, 39476 et suivants ; et Eadmer, t. I, p. 14 : Hist. nov., qui cite un fragment de chronique de Saint-Étienne de Caen.

Lanfranc répond avec tristesse et presque de l'amer-
tume. Il ne peut contenter tout le monde, il se sent
payé d'ingratitude, il demande qu'on le relève de sa
charge. Il ne dit pas pourquoi il n'est point venu à
Rome sur l'invitation du Pontife, mais comme sous
les réticences respectueuses, il le laisse bien entendre! Entre un Pape parlant politique et le Roi, il
n'a pas voulu prendre parti ; il s'est abstenu, car il
ne voulait pas se mettre dans le cas de contrister
le Pape ou de contrister le Roi. Mais auquel des
deux donne-t-il raison? On comprend que c'est à
Guillaume, car aussitôt il fait l'éloge de services
qu'il rend à l'Église ; il insinue, par ces paroles pleines de mélancolie, qu'il faut le ménager : « lui vivant, dit-il, nous avons une paix quelconque ; quand
il sera mort, nous ne pourrons plus espérer ni paix,
ni bien d'aucune sorte » (1). Plus tard, en effet, ce
sera Guillaume le Roux volant les trésors des églises
et des monastères ; ce sera l'église de Canterbury res-
tant quatre ans sans évêque ; ce sera saint Anselme
découragé, obligé d'abandonner son évêché, où il
ne peut faire aucun bien, pour revenir au Bec ; ce
sera le droit de l'Église s'élevant contre celui de la
Royauté ; ce sera saint Thomas Becket ensanglan-

____

(1) Ep. Lanfr.. p. 1 : « eo vivente pacem qualemcumque ha-
bemus : post mortem vero ejus nec pacem, nec aliquod bonum
habituros speramus. » Voir également Baronius : Annales eccl..
p. 18. et Alford Michael : Annales eccl.. t. IV. p. 231.

tant de son martyre l'autel relevé par Lanfranc.
Comme on sent bien dans ces paroles qu'il ne sert
pas Guillaume en courtisan et en serviteur aveugle,
mais qu'il l'aime pour sa sincérité et pour tout le
bien que l'on peut demander à cette nature violente et généreuse !

Une question épineuse était, à cette époque, et
depuis la date même de la conquête, soulevée entre le Saint-Siège et le roi d'Angleterre : la question
de l'hommage et du denier de Saint-Pierre. On sait
que pour d'autres États de l'Europe, cette question
est devenue une querelle qui, à son tour, est devenue une guerre, ou plutôt une source de guerres
interminables.

Le Roi Knut avait décrété un tribut annuel en
faveur du Saint-Siège : après lui, ce tribut fut d'autant plus mal payé que ce roi était d'origine da-
noise, et que les Saxons voyaient défavorablement
tout ce qui leur avait été imposé par les rois d'origine étrangère. Les offrandes volontaires de la nation pieuse n'y suppléaient pas entièrement, et les
Papes s'étaient plaints souvent de cette infidélité à
des promesses fermes. Il n'est pas douteux que l'en-
gagement de rétablir le tribut dans son intégrité
n'ait été pour beaucoup dans la faveur du Pape
pour Guillaume le Conquérant. Le Souverain Pontife n'y voyait pas seulement le moyen de subvenir
aux dépenses de sa cour et aux sollicitudes de la pro-

pagation de l'Évangile : il y voyait surtout une marque
d'obéissance, et dès ce temps, à Rome, s'esquissait
le plan d'une hégémonie universelle de la papauté,
plan dont Grégoire VII devait tenter de précipiter
brusquement la réalisation, alors peut-être que, dans
l'état du droit européen, cette conception n'était pas
arrivée à maturité.

L'intérêt fondamental de la question résidait donc
tout entier dans l'hommage. Cet hommage, Guillaume ne l'avait jamais promis expressément, mais
il l'avait laissé sous-entendre, quand il avait accepté
la bannière envoyée de Rome par Alexandre II, et
que, après l'avoir mise au grand mât de son navire, il l'avait ensuite dressée, dans la bataille
d'Hastings, contre l'étendard de Harold. La formule
de l'hommage n'était pas une formule vague et ar-
bitraire, susceptible de mettre le pouvoir civil à la
merci du pouvoir ecclésiastique, comme l'ont pré-
tendu beaucoup d'historiens. Elle était précise,
absolue, faite de trois éléments : d'abord l'hommage proprement dit, par lequel le roi reconnais-
sait tenir de Dieu son pouvoir : de Dieu, par la
permission et sous le regard bienveillant de son
vicaire ; le paiement annuel d'un tribut, signe de
l'hommage, simplement le paiement d'un tribut, et
non pas une redevance d'hommes armés, à mettre
à la disposition du Saint-Siège pour l'exécution de
ses desseins ; enfin, le serment de ne rien tenter con-

tre les lois de l'Église, ce qui emportait, il faut être assez impartial pour le reconnaître, les tribunaux ecclésiastiques indépendants, l'indépendance des évêques, l'impossibilité de fixer des limites entre le temporel et le spirituel. Le tort de quelques historiens n'est pas, assurément, de penser que les rois avaient le droit de se refuser à ces conditions : il est de prétendre que cette domination était la forme essentielle de l'Église. Exactement, elle ne fut qu'une conception de circonstances.

Récriminer contre elle ne fait plus la joie que de quelques clubs et des sociétés secrètes. Parce que le Pape avait vu naître les nations modernes ; parce que longtemps il avait représenté, à lui seul, les principes du droit public ; parce qu'il était conforme à la hiérarchie féodale que le vicaire de Dieu fût le haut suzerain, le Pape crut à la suprématie politique du Saint-Siège : après tout, c'était une conception logique. On mit à l'exécuter trop de hâte, comme à la repousser, trop d'âpreté. Elle reste l'une des plus colossales tentatives de l'histoire, et il n'a pas été plus heureux pour la paix du monde que, cinq siècles plus tard, le traité de Westphalie lui ait substitué l'idée, qui a persisté depuis, de l'équilibre européen.

C'est dans le même temps que Lanfranc était à Canterbury, que Grégoire VII excommuniait l'empereur Henri IV, l'humiliait à Canossa ; à son tour, il était obligé de fuir, se réfugiait chez les Normands de Robert Guiscard, et mourait 37 ans avant le concordat de Worms. Trois autres Papes régnèrent ou avaient régné pendant l'épiscopat de Lanfranc (1), et cette question de l'hommage se négociait avec plus ou moins de vigueur, selon le caractère du Pontife qui réclamait l'exécution des engagements. Lanfranc permit à Guillaume de se tirer de cette situation difficile.

Avec Alexandre II, son ami, son ancien élève, qui avait mis sur les épaules du Primat son propre « pallium », les pourparlers furent constamment paisibles. Alexandre lui-même s'était engagé dans la conquête, au point de ne pouvoir se montrer sévère, et, de part et d'autre, on agita la seule question du tribut, du denier de Saint-Pierre. S'il ne fallait que de riches cadeaux, ce n'était pas pour gêner Guillaume, et aussitôt Harold vaincu, il avait envoyé à Rome la plus riche portion du butin : mais le Pape voulait un tribut fixe, annuel, une redevance, un impôt, non pas un cadeau. On usa d'un moyen assez simple, et qui pouvait réussir avec un Pontife pacifique et porté aux tempéraments. On déclara d'abord que, jusqu'au jour où serait terminée la grande enquête sur la propriété territoriale

(1) Épiscopat de Lanfranc : 1070 à 1089. Papes : Alexandre II, 1061 à 1073 ; Grégoire VII, 1073 à 1085 (antipape Guibert. 1085 à 1086) ; Victor III, 1086 à 1088, et Urbain II, 1088 à 1099.

(c'est cette enquête qui a été consignée dans le
Domesday Book), on ne pouvait s'engager à payer
un tribut fixe; on allégua de plus la grande pauvreté des monastères, pillés dans la guerre, aussi
bien par les vaincus que par les vainqueurs, et la
rigoureuse nécessité de garder pour les relèvements
des églises et des hospices, les premières sommes
régulièrement levées. A ces arguments de raison,
on en joignit de plus séduisants, et irrégulière-
ment, mais fréquemment, on expédiait à Rome de
gros envois d'argent. Alexandre ne s'y trompait
point, et il adressait à Lanfranc, dont il comprenait
le rôle, quelques reproches affectueux, mais il n'insista pas.

Avec son successeur, les négociations prirent un
caractère plus aigu : tout ce que l'archidiacre Hildebrand n'avait pu réussir à imposer aux Papes qu'il
avait dominés ou conseillés, Grégoire VII résolut
de l'exécuter sans retard. Cet homme montait sur
le plus haut des trônes avec un plan arrêté dans
tous les détails. Le tribut annuel pouvait rendre
moins que les cadeaux et les dons gratuits : cela
importait peu à un Pape qui revendiquait des principes. Guillaume et Mathilde s'empressèrent de le
féliciter de son élection (1), et Grégoire leur répondit avec de grands sentiments d'affection, mais en

(1) Epist. Gregorii, t. I; 70, 71.

même temps il envoyait en Angleterre, comme Légat, le cardinal Hubert, avec mission de réclamer le serment de fidélité et l'exactitude dans le paiement du tribut. Lanfranc fut aussitôt consulté et, il le déclare lui-même avec franchise (1), conseilla au roi de céder. Le roi passa outre, et répondant au Pape, promit le tribut, mais refusa le serment; et s'appuyant sur des précédents que nous n'avons pas à juger, feignit de voir dans cette condition une chose inouïe (2). Le Pape fut très mécontent. Contre les traditions qui veulent qu'un Légat n'ait qu'une mission temporaire et fixée à quelques points précis, il maintint Hubert pour signifier son droit de gouverner directement les églises. Le roi répliqua en interdisant aux évêques d'aller à Rome, ce qui était un abus de pouvoir : cependant toute l'Église d'Angleterre, le Primat en tête, fut avec lui. Grégoire VII écrivit à Lanfranc deux lettres amères où il le blâme de n'être pas venu prendre ses conseils, et lui enjoint de le faire, sous peine de suspense (3). Lanfranc se défendit canoniquement (4), protesta de son amour pour l'Église, et déclara que, loin d'entraver l'œuvre du Légat, il avait fait, mais en vain, tous ses efforts, pour fléchir l'esprit du roi. Il n'est

(1) Epist. Lanfr., 7 et 8.
(2) Guill. à Grég., dans : Epist. Lanfr., 5.
(3) Epist. Greg., t. VI, 30; t. IX, 20.
(4) Epist. Lanfr., 7 et 8.

pas allé à Rome, mais il juge que « l'absence et l'éloignement ne sont pas des raisons pour moins aimer l'Église, et obéir moins ponctuellement à ses canons ». Entre le Roi et le Saint-Siège, il avait voulu temporiser, et ne pas faire servir sa haute dignité de Primat d'Angleterre à l'un ou l'autre parti. Il n'avait pas voulu rendre publics des mécontentements que n'auraient pas manqué d'exploiter les Saxons. Il souffrait du blâme du Pape, mais « sa conscience lui était un bon témoin ».

Supposons maintenant qu'il soit allé à Rome, malgré la volonté du roi. Que serait-il arrivé? Il aurait perdu une grande part de l'influence salutaire qu'il exerçait pour le bien de l'Église anglicane; il aurait affaibli, irrémédiablement peut-être, le pouvoir nouveau, alors que Guillaume vieilli, las, sentant venir la mort, s'effrayait sur l'avenir de son œuvre; il n'aurait pas obtenu que l'hommage fût accordé, mais il aurait fait supprimer le denier de Saint-Pierre. Le Pape aurait-il excommunié le roi et jeté l'interdit sur la conquête? Il est probable que le roi n'aurait pas cédé, il l'avait prouvé lors de son mariage, et, certainement, l'Église anglicane, telle qu'elle était alors recrutée, aurait pris le parti du roi (1). Le Pape lui-même le comprit. Il laissa le

(1) Le dernier évêque saxon, Wulfstan, évêque de Worcester, avait été déposé en 1076, à la suite d'un concile tenu à West-

conflit s'apaiser. Plus tard, Lanfranc trouva une occasion éclatante de prouver son inaltérable fidélité au Saint-Siège. L'empereur d'Allemagne avait suscité un antipape, Guibert (Clément III), qui tenta, par l'intermédiaire de son légat, Hugues le Blanc, d'obtenir l'adhésion de Lanfranc. Celui-ci répondit que l'Angleterre n'avait pas encore décidé à quel Pape elle obéirait, et qu'elle ne se déciderait qu'après mûre réflexion. Rappelons ici qu'à cette époque les communications n'étaient pas faciles, et que les antipapes exploitèrent souvent cette situation. Il interdit à Hugues de paraître en Angleterre sans l'ordre formel du roi, et le blâme en termes vifs des injures contre Grégoire que renfermait sa lettre (1).

Sur la fin du règne de Guillaume, Lanfranc, Thomas d'York et Rémy de Lincoln, accompagnèrent le roi en Normandie, et poursuivirent leur voyage jusqu'à Rome (2). Ils furent reçus avec solennité

minster par les évêques anglais, et présidé par Guillaume et Lanfranc.

(1) Ep. Lanfr. dans : « Opera omnia. »

(2) Avant 1085, puisque c'est Grégoire qui les reçut. D'autre part, il est certain que ce fut en même temps qu'un voyage de Guillaume en Normandie. Or, celui-ci assista à l'assemblée de Salisbury, en octobre 1086 (Ord. Vital, t. VII), et il y reçut en personne le serment de ses feudataires. Il y aurait donc contradiction apparente. Mais, en dehors des trois absences prolongées de 1067, 1074 et 1086, Guillaume faisait de nombreux et courts voyages en Normandie, et il y a lieu précisément de

par le Pape et le Sénat. Orderic Vital laisse entendre que ce fut parce qu'ils apportaient aux Romains d'immenses cadeaux. Il est probable que l'estime pour l'illustre vieillard qui, de Bologne à Canterbury, avait fourni une si utile carrière, eut la plus grande part dans cet accueil. Cependant cette ironie de l'historien laisse entendre de quel côté se rangeaient les sympathies de l'Église d'Angleterre ; or, de quelque côté que fût le droit, il fallait bien tenir compte des faits.

Même en dehors des droits attachés à sa Primatie, Lanfranc exerçait une grande influence, jusque dans les parties non encore conquises de la Grande-Bretagne. Il correspondait avec sainte Marguerite d'Écosse, nièce d'Édouard le Confesseur, et il n'est pas téméraire de prétendre retrouver le résultat de ses conseils dans les sages mesures qu'elle prit contre la simonie, les maléfices, et les mariages entre parents. — Il sacrait les évêques de Dublin (1), Patrice, en 1074, Donat O'Haingly, en

croire que, en janvier 1085, il se rendit pour quelques jours en Normandie, afin d'accompagner jusqu'à Caen la dépouille mortelle de la reine Mathilde.

(1) Usser : Epist. Hib. Sylloge. Il y a quatre lettres sur ce sujet : Les habitants de Dublin à Lanfranc, p. 48 ; de Lanfranc à Godred, p. 48 ; de Lanfranc à Terdelvak, roi d'Hibernie, p. 50 ; de Lanfranc à Donat, évêque d'Irlande, p. 51. Les professions de foi et d'obéissance se trouvent à la page 88. — Usser était

1085. Il recevait leur profession de foi et d'obéissance. Il en profitait pour donner des conseils et formuler des reproches sur ces deux points de droit canonique, objets constants de sa sollicitude: les bénéfices achetés par simonie, la sainteté et la légitimité du mariage. Peu à peu même, il substituait son autorité à celle du Primat d'Irlande, l'évêque d'Armagh. Il recevait à Canterbury les évêques d'Irlande, de passage pour s'embarquer vers Rome, provoquait leurs confidences, en faisait part à Guillaume, et, avant que ne fût entreprise la conquête par les armes, préparait la conquête ecclésiastique, habituant ainsi l'antique et solitaire Érin à tourner ses regards vers l'Angleterre. Il correspondait même avec le roi de Man et des Hébrides, Godred. C'était presque l' « ultima Thule », mais il y portait aussi les préoccupations de son zèle pour la validité des sacrements du Baptême et de l'Ordre, car on avait pris l'habitude, dans ce royaume lointain, de se passer du Saint-Chrême pour baptiser les enfants, et de l'assistance de deux évêques pour les sacres. Il paraît même que des ordinations s'y conféraient à prix d'argent.

On comprend que s'étant donné la mission de discipliner toutes les églises du nord de l'Europe, et

évêque d'Armagh : il est donc tout particulièrement bien placé pour être renseigné.

portant le fardeau de si nombreuses sollicitudes, Lanfranc ait été contraint d'abandonner les travaux littéraires de sa jeunesse, et que, dans une lettre aux habitants de Dublin, il ne juge plus ces travaux dignes de la charge pastorale. Il n'écrivait plus que pour rédiger des constitutions, répondre à des questions de dogme ou de morale, stimuler le zèle des évêques tièdes et blâmer les coupables. Si son œuvre est vaste, elle est profonde, car, laissant sans aucun doute beaucoup à faire à ses successeurs, c'est lui qui, le premier, a constitué l'Église d'Angleterre dans cette forte unité de la discipline et du dogme, qu'elle garda jusqu'au schisme. On allait bien voir, quand un prince ingrat le réduirait à l'impuissance, quelle place il tenait. En effet, avec le règne de Guillaume le Conquérant, finit le grand rôle politique et religieux de Lanfranc. Car non seulement ses conseils ne seront plus reçus, mais sa mission de Primat sera sans cesse entravée. Que Guillaume Iᵉʳ ait permis à un tel homme de travailler librement à relever l'Église d'Angleterre, qu'il ait choisi pour ami, pour associé, non pas un comte puissant, un de ceux qui l'avaient suivi de Normandie, mais un moine qui, à l'époque des premières batailles, vivait dans une abbaye, c'est un fait dont l'histoire doit lui tenir compte. Il servirait peut-être à prouver que Guillaume n'admettait la violence et l'expropriation que comme moyens nécessaires, non pour la jouissance brutale, et qu'entre lui et son fils, il n'y a pas seulement la différence du génie à un esprit médiocre, mais de l'homme généreux qui tend la main au vaincu, à l'homme cruel et lâche qui l'insulte.

CHAPITRE IX.

Dernières années de Lanfranc. — Règne de Guillaume le Roux.

—

Sommaire. — Mort de Guillaume le Conquérant. — Lanfranc couronne son fils Guillaume le Roux. — Caractère sauvage et exactions du nouveau roi. — Inutilité des représentations de Lanfranc. — Scandales des évêques normands. — Tristesse et découragement de Lanfranc.

Provoqué par les railleries injurieuses du roi Philippe Iᵉʳ, et désirant depuis longtemps rattacher à sa couronne le comté du Vexin, Guillaume le Conquérant était entré en France, et avait livré au pillage et à l'incendie la ville de Mantes. Son cheval, effrayé par les lueurs, se cabra, et Guillaume, en tombant, se blessa grièvement au flanc, du pommeau de son épée. Il souffrait depuis plusieurs années d'une maladie d'urine (1), et la blessure s'aggrava, sans espoir de guérison, par une décomposition du sang. Péniblement transporté à Rouen, lui-même se sentit perdu. Il délivra les prisonniers politiques, distribua d'immenses aumônes, se con-

—

(1) Math. Paris : Maj. hist., p. 13.

fessa et communia. Au matin du 10 septembre, par un clair soleil (1), le son des cloches le réveilla de son assoupissement. C'était Prime qui sonnait à l'église Notre-Dame. Alors, il prononça ces touchantes paroles : « Je me recommande à Ma Dame Sainte Mère de Dieu, Marie, afin que, par ses prières, elle me réconcilie à son très cher fils, mon Seigneur Jésus-Christ. » (2) Et il expira.

Exécré par un peuple entier, ceux qu'il avait obligés et qu'en un jour il avait couverts de richesses, ses fils même, allaient l'abandonner, et il fallut qu'un gentilhomme campagnard prît à ses frais les funérailles du conquérant de l'Angleterre.

Du moins, cet homme extraordinaire était mort dans une dernière pensée d'amour pour la Sainte-Vierge. Il l'avait beaucoup aimée, ne manquant aucun de ses pèlerinages célèbres, lui consacrant de nombreuses églises, lui faisant une part dans le butin. Cette dévotion était chère à tous les Normands, et Lanfranc l'avait encore développée autour de lui. Elle était le seul avantage qui restât maintenant à un homme qui avait tenu à sa disposition peut-être plus de trésors que les anciens

____

(1) Ord. Vit. : Hist. eccl., VII, « Jam Phœbo per orbem spargente clara radiorum spicula. »

(2) Ord. Vit. : Hist. eccl., VII, « Dominæ meæ sanctæ Dei Genitrici Mariæ me commendo ut ipsa suis sanctis precibus me reconciliet carissimo filio suo Domino nostro Jesu Christo. »

monarques de l'Orient. Cette grande leçon frappa vivement les contemporains ; les historiens et les chroniqueurs la font ressortir en termes saisissants (1).

Cependant les évêques de Normandie (Rouen, Évreux, Bayeux, Séez et Coutances), les abbés du Bec, de Fécamp, de Fontenelle, de Mortemer, du Mont Saint-Michel, de Saint-Étienne, se trouvèrent réunis à Caen où, par eau et par terre, avait été transporté le corps du roi. L'absence de Lanfranc et des évêques d'Angleterre pourrait étonner, mais le temps avait manqué pour les avertir, car la courte maladie s'était précipitée. Lanfranc avait du reste un rôle plus utile à remplir en Angleterre.

Guillaume le Roux s'était embarqué en hâte, à tel point que si, par un retour toujours possible, le Conquérant eût guéri, ou que sa maladie se fût prolongée, il y aurait eu en même temps deux rois couronnés : à moins qu'on admette que le Roux se rendit à Wissant pour prendre un navire à la première nouvelle de la mort, mais seulement à cette nouvelle. C'est en effet dans ce petit port qu'il apprit la mort de son père. Il ne songea point à revenir en arrière, et il ne faut pas s'en étonner, car, s'il l'avait fait, il aurait certainement contre-

____

(1) Ord. Vit. : Hist. eccl., VII, « O sæcularis pompa, quam despicabilis es ! »

venu aux dernières volontés du roi qui avant tout
avait désiré assurer sa succession. A peine eut-il
touché le sol de l'Angleterre qu'il courut à Winchester d'abord, pour prendre possession des coffres renfermant les trésors du défunt, puis à Canterbury. Il fit lire à Lanfranc la lettre du Conquérant.
Aussitôt le jeune roi et l'archevêque se hâtèrent de
partir pour Londres, et dans l'église de Westminster, le 29 septembre, jour de la fête de saint
Michel particulièrement honoré par les Normands,
Guillaume le Roux fut sacré et couronné (1). Il
avait promis et même juré de gouverner avec justice, douceur et longanimité (2), aussi bien dans ses
actes que dans ceux de ses subordonnés. Il s'était
engagé à de grandes aumônes pour les pauvres, car
les années précédentes avaient été calamiteuses :
en 1082 (3), la peste avait enlevé jusqu'à deux
cent cinquante mille personnes en Angleterre seulement, si l'on peut se fier au chiffre des contemporains, et pour désinfecter les demeures, il avait

(1) Nous suivons ici textuellement Orderic Vital, au chap. VIII
de son Histoire ecclésiastique. Le récit d'Augustin Thierry
(I, 447) est inacceptable : après l'inventaire du trésor, le Roux
aurait convoqué les hauts barons de l'Angleterre, et, reconnu
roi, se serait fait ensuite couronner par Lanfranc.

(2) Hist. nov., Eadmer, p. 12 et 13.

(3) Chroniq. de Saint-Étienne de Caen (dans Duchesne), ad
annum 1082 : « Magna mortalitas hominum fuit in Normannia
et Francia. »

fallu les brûler. En 1086, des pluies torrentielles avaient défoncé le sol, ruiné les récoltes, et détruit des villages entiers (1). La plupart des trésors de la conquête étaient passés sur le continent; en tout cas, le vainqueur n'était pas disposé à secourir le vaincu; la plupart du temps il était absent. La misère était sans remèdes.

Des promesses de justice étaient d'ailleurs indispensables à Guillaume, s'il voulait se faire reconnaître par la noblesse. En effet, la plupart des barons s'étaient ralliés d'abord autour de l'évêque de Bayeux qui venait de sortir de prison, et ils avaient résolu de choisir pour roi Robert, plus brave, plus chevaleresque, plus traitable aussi (2), qui était l'aîné, et que ses démêlés avec son père avaient rendu intéressant. Par des mensonges, le Roux réussit à mettre dans sa cause les Saxons, et après un simulacre de siège à Rochester, les deux partis normands se réconcilièrent contre les Saxons.

Guillaume put alors débuter sans crainte dans ce régime d'exactions et de brigandages qui n'épargnait ni les vainqueurs, ni les vaincus. Résignés, accablés, les Saxons n'avaient plus la force de se plaindre encore; sans armes, dispersés, leur patrio-

(1) Math. Paris : Maj. hist., p. 12, ad annum 1086, « Inundatio aquarum ita ut plures rupes sunt liquefactæ. »

(2) Ord. Vit. : Hist. eccl.. VIII, « Tractabiliorem moribus. »

tisme exaspéré pouvait se livrer tout au plus à quelques tentatives partielles, sans danger. Mais le cri de colère des Normands retentit dans toutes les chroniques. Orderic Vital, qui fut renseigné par les moines du Bec, mêlés eux-mêmes de très près aux affaires d'Angleterre, par Anselme et Lanfranc, nous donne une longue suite de vols, de simonies, de vénalités, d'expulsions, véritablement incroyables. Eadmer et Guillaume de Jumièges les confirment, sans les atténuer par quelqu'une de ces excuses ingénieuses dont ils n'avaient jamais été dépourvus pour Guillaume le Conquérant. A leur tour les Normands, empruntant, presque dans les mêmes termes, le langage de ceux qu'ils avaient opprimés, parlent de souvenirs de douleur et de honte.

Malheureusement, de même que l'attitude de Lanfranc avait, pour une grande part, décidé de l'adhésion de l'Angleterre au nouveau roi (1), maintenant le nom de l'archevêque servait d'autorité à Guillaume pour faire tolérer ses méfaits. Il est bien évident que Lanfranc ne favorisait pas ses caprices tyranniques, comme l'insinue méchamment Mathieu Paris, mais il avait toujours gardé une affection très tendre à celui qui avait été son élève, et ne se dressa pas avec énergie contre ses premiers

(1) Eadmer : Hist. nov., p. 12, « Sine cujus (Lanfranci) assensu ille adscisci nullatenus poterat. »

crimes. Ajoutez qu'habitué à traiter avec respect les institutions royales, il ne voulut pas accroître les divisions qui s'élevaient entre les vainqueurs, et qu'il ne mettait guère plus d'espoir dans le règne de Henri, ou dans celui de Robert (1). Loin donc de dominer le jeune roi, il paraît avoir cru qu'avec de l'affection et de tendres conseils, il réformerait cette âme sauvage. Or, jamais on ne s'adressait à la pitié du Roux, jamais devant lui on ne parlait de générosité et de clémence, sans qu'aussitôt il se mît à rire. Lanfranc en fit lui-même la triste expérience. Avec l'autorité qui appartenait au chef de l'Église anglaise, il lui représentait dans quel triste état ses exactions mettaient le royaume, et il lui rappelait le serment de son sacre. Guillaume haussa les épaules, et avec désinvolture, peut-être pour cacher son trouble, répondit : « Et qui donc peut tenir toutes ses promesses ? » (2) Dans la suite, pour échapper à ces remontrances toujours fâcheuses, il prit le parti de ne plus se rencontrer avec Lan-

(1) Math. Paris : Maj. hist., p. 14 : « Et his ita gestis (ornementation de la tombe de son père) mox Willelmus Rufus volentibus omnium provincialium animis in regem acceptus totam Angliam pro suo libitu subjugavit, et claves thesaurorum ubique locorum obtinuit, ad quod non parvum adminiculum Lanfrancus attulit, eo quod et illum nutriverat et militem fecerat, patre adhuc vivente. »

(2) Eadmer : Hist. nov., p. 13, « Quis, ait, qui cuncta quæ promittit, implere possit ? »

franc, évita d'entrer dans l'église de Canterbury, et quand le primat venait à sa cour pour une réclamation, prétextait, pour ne le point recevoir, les préparatifs d'une chasse ou d'un voyage. Pendant ce temps, les courtisans plaisantaient.

Il n'est que juste cependant de faire remarquer que, si Guillaume était bien décidé à se passer des conseils et des remontrances de Lanfranc, tout sentiment de reconnaissance et de respect n'était pas encore éteint. Il ne voulut pas trop attrister les derniers jours de son maître et du fidèle serviteur de son père. Il garda une certaine retenue. C'est après la mort de Lanfranc qu'il laissa les diocèses privés d'évêques (1), et garda les revenus; qu'il mit dehors les abbés des grands monastères, et les remplaça par des laïques; et qu'il entra quelquefois en habit de chasse, l'arbalète sur l'épaule, suivi de ses barons, dans les églises, pour les piller. Cette retenue ne fut peut-être que de la crainte, car si l'archevêque de Canterbury était patient, s'il était fatigué par l'âge, il est des choses qu'il n'aurait assurément pas supportées. Il est vrai que les Normands avaient eux-mêmes chassé d'Angleterre, pour n'avoir pas à le pendre, l'évêque de Bayeux qui cependant les avait bénis au matin de la bataille d'Hastings, mais Lanfranc n'avait mêlé son

(1) Maj. hist. de Math. Paris. p. 16.

nom à aucune compromission ou intrigue, et il n'aurait eu qu'à menacer de son pouvoir spirituel, pour se faire obéir.

Pendant que le roi « écorchait ses sujets », selon une expression énergique de la chronique du Bec (1), Lanfranc avait d'autres motifs de douleur, peut-être plus amers. En effet, il pouvait se demander ce qui resterait de ses efforts. Sans doute, les hospices, les églises, les monastères étaient bâtis, fixés dans le sol; la cathédrale de Canterbury était achevée, décorée de ses vitraux, mais qu'allait-il advenir de la discipline et du culte dans l'Église d'Angleterre? Cette Église, avec le nouveau règne, subissait une crise, et alors qu'en réalité les traditions de Lanfranc devaient revivre (2), il pouvait croire que tout était perdu. Dans sa ville même, ou plutôt aux portes, le monastère de Saint-Augustin était toujours en révolte, et là, comme en beaucoup d'autres couvents, on n'attendait que la mort de l'archevêque pour se débarrasser des abbés normands qu'il avait imposés; les écoles

(1) « Tributis et exactionibus pessimis populos anglorum non abradens, sed excorians. »

(2) Malgré la « Coupure » du protestantisme, dans l'Église officielle anglicane, une tradition de Lanfranc persiste : l'archevêque de Canterbury est resté primat d'Angleterre, et à ce titre non seulement couronne le roi, mais jouit du privilége de faire partie de la députation qui vient lui annoncer officiellement sa royauté.

qu'il avait créées pour le recrutement du clergé n'étaient plus fréquentées : elles étaient suspectes aux Saxons, et les Normands se disaient qu'il était inutile de s'instruire péniblement pour arriver à des postes qu'on pouvait si bien obtenir par la violence et par la faveur du roi. Le Conquérant avait voulu, de son vivant, pressé d'ailleurs par les instances de Lanfranc, discipliner les évêques, et avait su être fort dur à leurs exactions. Il était entendu que la conquête n'était qu'une vaste expropriation, mais la police était rigoureuse comme en Normandie, où elle est restée légendaire, et les brigandages individuels souvent réprimés. Maintenant le trône était occupé par un roi qui ne se conduisait que d'après ses appétits et n'avait aucune notion du gouvernement : alors les Normands mal contenus revinrent d'un coup à leurs instincts. Un certain Villette, que la conquête avait fait, d'apothicaire à Tours, évêque de Wells, fit mettre à bas la demeure des chanoines de sa cathédrale pour se construire un palais à sa guise, sur le même emplacement, avec les pierres et les bois de la démolition. Un autre invita des moines un jour d'abstinence, et trouva fort joyeux de leur faire servir un somptueux repas de viande, par des femmes publiques, effrontées et peu vêtues. On pouvait traiter un certain nombre d'évêques de buveurs, de joueurs et de débauchés, sans qu'ils y vissent aucune offense, car ils avaient tous les vices, mais n'étaient pas des hypocrites, n'ayant aucune idée des sentiments de la convenance nécessaire à leur dignité.

Une à une, les règles et les ordonnances de Lanfranc, de son vivant même, semblaient oubliées. S'il avait été trop dur aux Saxons, il était cruellement puni, car il put comprendre, en ces jours amers, qu'il n'avait pas eu assez le souci de s'entourer d'hommes capables d'aider à son œuvre et de la perpétuer.

Il arrêtait cependant beaucoup de mal. Il faut avoir lu le récit de ce qui se passa après lui, pour saisir tout le sens de ces paroles d'Eadmer : « La Gaule et la Bretagne pleurent encore sa mort » (1). Quand le monastère de Saint-Augustin se souleva une troisième et dernière fois, que les moines furent dispersés, remplacés par d'autres venus de la Normandie, et qu'on creva les yeux des habitants de Canterbury qui les avaient aidés, Lanfranc était mort depuis quelques semaines. Se sentant impuissant, il avait eu au moins la ténacité de rester à son poste, et de ne plus offrir sa démission qu'il avait cependant deux fois offerte en des jours plus brillants. Il présentait le spectacle de cette force qui n'est pas l'une des moindres de l'Église : la force de

(1) Hist. nov., p. 8.

la résistance silencieuse. Saint Anselme était un plus grand métaphysicien, mais il ne tiendra pas devant le découragement et la sourde hostilité : il quittera Canterbury et reviendra dans l'asile préféré, dans l'abbaye du Bec.

Cependant le Bienheureux Lanfranc, malade, attristé jusqu'au fond de l'âme par la mort de ses amis et de ses protecteurs, se renferma davantage dans sa maison épiscopale, se consolant dans les exercices d'une piété affective, du bien qu'il ne pouvait plus faire. Il correspondait plus fréquemment avec ses frères de l'abbaye du Bec, surtout avec Anselme qui devait être son successeur. Une immense tristesse perce à travers toutes ses paroles. Il semble même qu'il ait douté de son œuvre. Quand il était simple prieur du Bec, entouré d'hommes d'élite qui l'aimaient, n'avait-il pas fait plus de bien ? n'avait-il pas formé une génération plus forte ? Ce n'est pas à son point de vue personnel que le primat se posait la question, car on ne trouve pas dans sa longue vie une pensée d'orgueil et de gloire, mais il songeait à cette Église qu'il allait laisser dans quelques mois, compromise encore dans la bataille. Il ne faut pas oublier que, dans toute la force de son talent, il était venu spontanément dans l'abbaye d'Herluin, abandonnant les magnifiques promesses de la vie, bien décidé, d'une volonté froide et réfléchie, à vivre obscurément. Il

avait même voulu changer sa cellule de moine
contre une grotte d'ermite. Les circonstances
l'avaient repris et porté au sommet des honneurs,
parce que c'est encore dans l'Église que les hommes
doués supérieurement des talents naturels, don-
naient le plus complètement leur mesure. Mais
quand on s'est une fois ainsi dévoué à l'obscurité,
par raison et sans avoir subi ces orages de la vie
qui ont parfois de terribles retours, on ne porte
jamais dans les honneurs une entière sérénité,
même quand on est soutenu par la pensée du bien
à accomplir. Lanfranc avait du moins les deux plus
grandes consolations : ces honneurs, il les avait
acceptés par obéissance ; il ne les avait jamais fait
servir à son propre intérêt. Il pouvait s'être trompé,
mais quand il parlait au pape Grégoire du témoignage de sa conscience, ce n'était pas une vaine
formule : c'était bien le témoignage de toute une
vie. D'ailleurs, ce désarroi de l'Église d'Angleterre,
n'avait pas pour seule cause les instincts pervers
d'un mauvais roi, mais le fait lui-même de la conquête. D'une part, trop peu d'années s'étaient écoulées pour que l'Église normande et l'Église saxonne
se fussent unies, et que de cette union le bien eût
résulté, par la concordance des efforts. D'autre
part, la portion normande de l'Église anglicane, re-
gorgeant de richesses, forte du pouvoir de la
royauté, insolente par les droits de la conquête,

avait pu paraître momentanément s'organiser et se hiérarchiser. Mais une bonne administration ne suffit pas à faire une bonne église : il y faut surtout l'épreuve et la lutte. Cette épreuve, l'Église d'Angleterre allait la connaître sans retard, lorsque les évêques, reprenant conscience de leur mission sacrée et de la grâce du sacrement de l'Ordre, s'insurgèrent contre les prétentions de la royauté, et laissèrent résolûment la cuirasse et le glaive, pour la houlette du berger. Mais il avait fallu pour cela l'exemple des vertus et des tristesses du Bienheureux Lanfranc.

CHAPITRE X.

Mort du Bienheureux Lanfranc

—

Sommaire. — Maladie et mort de Lanfranc. — Dernier témoignage d'affection reçu de l'abbaye du Bec. — Redoublement d'exactions après sa mort. — Son siège archiépiscopal reste quatre ans vacant. — Vifs regrets de sa mort en Normandie : les rouleaux des morts; rouleau de sainte Mathilde; rouleau de saint Vital.

Consumé de fièvre et de chagrin, âgé de plus de 86 ans, Lanfranc dut abandonner les visites pastorales de son diocèse : labeur dont il n'avait jusqu'ici voulu se décharger sur personne, car ces visites lui permettaient de juger des maux de la conquête et des remèdes à y apporter.

A bout de forces, il s'alita. Nous ne savons au juste combien de semaines il fut malade. L'abbaye du Bec eut le temps d'être avertie, et, au nom de tous les moines, saint Anselme lui adressa une lettre d'une tendre et filiale affection, pour lui faire part de leur peine, et l'assurer des prières de toute la communauté (1).

(1) Ep. Ans., II, 53, dans Dom Gerberon.

Lanfranc avait souvent souhaité mourir en pleine connaissance, d'une fièvre ou d'une dyssenterie, « maladies qui, disait-il, ne troublent pas la mémoire et n'empêchent pas de parler. » (Nous citons textuellement Milon Crespin, sans avoir besoin d'avertir le lecteur que nous ne prenons pas à notre compte cette opinion). Il semble bien que ces deux maladies à la fois aient provoqué sa mort, en épuisant ses dernières forces. Les médecins ordonnèrent une potion (1), l'apportèrent à Lanfranc et se retirèrent. Mais l'archevêque, avant de la prendre, voulut se confesser et communier, ne se jugeant pas assez malade pour recevoir la Sainte Eucharistie en viatique. Quand il but la potion, elle était décomposée ; elle était devenue un vrai poison (2). Il expira presque aussitôt. Le soupçon se forma qu'il avait été vraiment et criminellement empoisonné. Par qui ? Par des moines saxons évidemment, et sans doute par les moines de Saint-Augustin de Canterbury qui avaient donné asile dans leur couvent aux dernières résistances du parti vaincu ? Cette hypothèse est inadmissible, non seulement parce qu'il faudrait, pour l'admettre, qu'elle fût expressément formulée quelque part, et

---

(1) Ce fait n'est pas cité par Milon Crespin, mais seulement par Guillaume de Malmesbury : de Pontificibus angl., p. 122.

(2) « Hinc, poculo sumpto, sed in contrarium verso, efflavit » (De Pontif. angl.).

que les Saxons n'avaient jamais encore usé de tels
crimes pour se venger, mais surtout parce que l'on
ne voit pas vraiment quel intérêt auraient eu de
mauvais moines à se défaire d'un archevêque qui,
depuis quelques semaines, était sur son lit de mort,
et qui, depuis trois ans, était par l'avènement de
Guillaume II, réduit à l'impuissance. Il est beaucoup plus simple de penser qu'une erreur put être
commise, ou que les drogues se corrompirent par
leur mélange même. Il fallait que les esprits fussent
bien divisés entre vainqueurs et vaincus, pour que
ceux-là aient pu accuser ceux-ci d'avoir empoisonné l'archevêque qui avait été l'un des plus paci-
fiques, mais des plus efficaces agents de la conquête.

Nous en retiendrons seulement qu'on ne sait au
juste de quelle maladie Lanfranc est mort; mais, à
cet âge, le chagrin avait suffi à l'abattre. C'était en
l'année 1089 : l'année d'un terrible tremblement
de terre qui renversa beaucoup d'édifices de la
Grande-Bretagne (1). C'était le 5 ou le 9 des
kalendes de juin : car le jour n'est pas certain, et
même sur l'année, toutes les chroniques ne concordent pas. Dans le calendrier religieux que nous

(1) Flor. Wigorn. Chroniq., p. 144 : à la suite de l'« Historia
Major » de Mathieu Paris. « Eodem anno, tertio Idus Augusti,
sabbato, circa horam diei tertiam terræmotus permaximus
exstitit per Angliam. »

possédons de l'abbaye du Bec (1), la fête de sain
Lanfranc est célébrée le 28 mai : on peut présumer
que c'est la date même de sa mort, car ce calendrier
est en même temps un obituaire. Nous mentionnerons ici, et pour mémoire seulement, l'opinion de
Parker, premier archevêque anglican de Canterbury, particulièrement hostile à Lanfranc, et par
conséquent très suspect. D'après lui, le primat
serait mort en 1088, après avoir été exilé par Guillaume le Roux, et avoir quelque temps séjourné à
Rome (2).

Il semble bien que les funérailles de Lanfranc
n'aient point eu le caractère de deuil public qu'il
paraît qu'elles auraient dû avoir, au moins parmi
les Normands. Les temps étaient troublés; le roi
estima qu'il était débarrassé d'un conseiller im-
portun, et beaucoup le crurent autour de lui. Il était
d'ailleurs bien difficile de juger de l'œuvre accomplie, quand les combattants étaient encore tout
frémissants de la lutte, et, comme le fait remarquer
quelque part Guillaume de Malmesbury, il faut du
temps pour que le baume le plus doux endorme les
douleurs.

Le Bienheureux Lanfranc fut enterré dans la

(1) Voir la bibliographie et l'appendice I. La fête de saint
Lanfranc est au 28 mai; celle de saint Augustin de Canterbury,
au 27 mai; celle de saint Anselme, au 21 avril.

(2) Math. Parker : Antiq. brit., 115.

cathédrale qu'il avait fait reconstruire, au milieu
du chœur, au pied du grand crucifix qui se dressait
au fond de l'abside. Plus tard, ses deux successeurs,
saint Anselme et Guillaume, agrandirent le chevet
de l'église. A cette occasion, le corps de saint Augustin et les corps de ses compagnons furent dé-
placés (1), et avec eux, celui du Bienheureux Lanfranc. Il était bien conservé, revêtu, par dessus sa
robe de bénédictin qu'il ne quittait jamais, des ornements pontificaux. De sa chasuble se dégageait
une odeur suave, et un frère du Bec, présent à la
cérémonie, en coupa un morceau.

Mais au commencement du XVIIe siècle, d'après
le témoignage si autorisé de Sommer, on ne voyait
plus ni la tombe, ni l'inscription tombale (2). Dans
le village du Bec, dont il a fait la gloire et où son
souvenir attire encore chaque année des voyageurs
qui seraient déçus sans la beauté du site, il ne reste
rien de lui. Les chroniqueurs nous ont transmis quelques épitaphes, exercices d'école, où les antithèses
et les allitérations n'arrivent pas à faire illusion sur le

(1) On peut voir cette cérémonie décrite dans William Sommer : « Antiquities of Canterbury. » Il y a même un plan,
reproduisant l'emplacement des corps saints.

(2) Antiq. of Cant., p. 241 : « But his monument not now
extant, howewer Wewer tells he found his body to be interred
there by a Table inscribed which hangs upon his tombe. Erro-
niously : for there is neither tombe not table of there. »

convenu des sentiments. C'est tout ce qui reste des louanges que les hommes ont décernées au Bienheureux Lanfranc qui devait cependant entrer dans l'histoire, d'abord pour avoir été l'une des personnifications les plus considérables de la science au XI⁰ siècle, ensuite pour avoir caractérisé le rôle de l'Église dans la conquête de l'Angleterre et l'expropriation de la race saxonne.

Le roi, les comtes et barons manifestèrent des regrets, non sans hypocrisie, car, depuis trois ans, Lanfranc était le reproche toujours vivant; tous jalousaient l'autorité dont il avait joui auprès du Conquérant, et qui leur rappelait une époque qui n'avait pas été sans mêler de l'héroïsme, et du plus grand, aux horreurs des déprédations.

Les Saxons ne comprenaient pas encore que le primat de Canterbury avait été leur dernier protecteur. Leur malheur nous rend plus indulgents à ce manque de prévoyance et de sens politique dont ils firent preuve. La guerre et la ruine avaient brisé leurs derniers ressorts. Les rancunes de leurs chroniqueurs ne se sont pas apaisées en face de la mort, et, à tout prendre, cette rancune persistante a sa grandeur, si elle est bien l'expression étouffée du sentiment national.

Ce furent les pauvres de Canterbury et des environs qui firent à Lanfranc le seul cortège qu'il ait ambitionné. Il n'avait pas indiqué quel évêque ou quel abbé il désirait pour son successeur. Avec la conquête, l'antique mode des élections des évêques était tombée en désuétude : les chapitres s'étaient habitués à attendre la volonté du roi et à voter pour les candidats désignés par lui. Or, le roi ne désigna personne. Les conseillers ecclésiastiques normands de Lanfranc furent invités à repasser la mer et à se retirer dans les abbayes d'où l'archevêque les avait appelés, la maison de l'évêque dispersée, le nombre des chanoines réduit au strict nécessaire. Tout le temporel de l'Église de Canterbury fut saisi. Sans aucun droit, il est à peine besoin de le dire, le roi s'arrogea les meilleurs domaines. De ce qui restait, il fit deux parts : l'une, à peine suffisante aux exigences du culte, à tel point qu'on ne put achever de légers travaux dans l'ornementation de la cathédrale; l'autre qui revint dans les coffres du trésor royal. La plus grande partie des privilèges furent supprimés. Les hôpitaux, les maisons de secours, les refuges des lépreux, les dispensaires de vivres et de vêtements, les écoles de clercs et d'enfants, furent fermés. On défendit aux monastères d'achever leurs constructions, et on leur enleva les revenus qu'ils y auraient employés. Les belles pièces d'orfèvrerie tentaient le roi, et il ne résistait guère à aucune tentation. Le peu qu'il laissait à chaque monastère était encore dévoré par les réquisitions.

Ni de l'Église de Canterbury, privée d'ailleurs de son chef, ni de toute l'Église d'Angleterre, aucune voix ne s'éleva contre ce système de déprédations qui allait être successivement appliqué par Guillaume le Roux à toutes les églises vacantes du royaume. La politique obscurcissait les idées, et les meilleurs feignirent de ne voir dans ces odieuses mesures que des représailles contre les vaincus. Plus exactement, on peut dire que la mort de Lanfranc rompait l'unité de l'Église anglicane, et que le roi, au lieu d'avoir en face de lui un épiscopat, n'avait plus que des évêques isolés, dont il pouvait plus facilement faire ses créatures et qu'il ne lui était plus aussi malaisé de corrompre ou d'intimider.

Enhardi, le roi finit par donner à ferme les revenus de l'Église de Canterbury. Ce ne fut qu'au bout de quatre ans que saint Anselme, abbé du Bec, venu en Angleterre sur la demande du comte de Chester pour régler quelques questions concernant les monastères (1), fut désigné à l'attention de Guillaume pour le siège de Canterbury. Ainsi, la Providence donnait pour successeur au Bienheureux

(1) D'après Eadmer : Hist. nov., I. Voir aussi la Vie de saint Anselme, dans « Opera omnia ». La chronique du Bec laisse entendre que saint Anselme était assez expert en médecine, et qu'il aurait guéri le comte de Chester et même le roi. Il se serait ainsi mis en faveur.

Lanfranc son ami et son élève préféré, qu'il appelait son fils, qu'il avait souvent reçu dans son palais épiscopal, à qui il avait lui-même prédit cette élévation. En effet, une nuit, au retour de l'office des Nocturnes et de Laudes, Anselme, alors simple abbé du Bec, avait trouvé sur son lit un anneau d'or. Aucun des frères ne l'avait mis là, aucun n'avait perdu un tel objet : on avait fait les recherches les plus minutieuses; alors, Lanfranc avait prédit qu'un jour Anselme se mettrait au doigt cet anneau, comme archevêque (1).

Successivement trois archevêques de Canterbury vinrent de l'abbaye du Bec (2). Lanfranc avait donc établi toute une tradition au profit de ce monastère. L'influence qu'il avait exercée par ses vertus et par sa science, avait provoqué l'espoir de lui trouver de dignes successeurs dans la maison où lui-même s'était formé.

Principalement en Normandie, furent très vifs les regrets de la mort de Lanfranc, car si en Angleterre il avait été, pour les uns, l'étranger du parti des conquérants; pour les autres, le gêneur qui prétendait régulariser les ambitions et défendre ses fidèles, en Normandie, on avait surtout gardé, avec le souve-

(1) Vit. Lanf., par Milon Crespin.
(2) Voir dans Dom Bourget (op. cit.) les noms des hommes illustres sortis de l'abbaye du Bec et particulièrement ceux qui furent archevêques de Canterbury.

nir de sa grande habileté dans l'administration du
temporel, le souvenir de sa science et de ses conseils, de son aménité et de son amitié persévérante.
Il était le fondateur de la Sainte-Trinité et de Saint-
Étienne ; au Bec, son nom ne pouvait se séparer de
celui du Bienheureux Herluin. Du Mont Saint-Michel
à Fécamp, de Chartres à Rouen, il avait correspondu
avec tous les abbés, et presque tous avaient, dans
leurs monastères, appliqué ses constitutions. A
Rouen, à Séez, à Évreux, à Coutances, les évêques
étaient ses élèves ou ses amis. Comme le dit Eadmer, on associait à son nom toute une époque de
gloire de la Normandie : un demi-siècle qui avait
vu les écoles se fonder, les abbayes et les hospices
se bâtir par centaines, et à l'ancien duché de Rollon
se joindre un royaume.

A cette époque, dans chaque abbaye, un moine
avait pour fonction (1) d'inscrire, sur un rouleau de
parchemin (2), les noms des moines morts pendant
l'année, avec les dates précises, ou même, pour les
morts d'importance, d'inscrire le nom sur un rouleau spécial et personnel, et de porter ces rouleaux
successivement à plusieurs abbayes qui prenaient
note des noms des défunts, traduisaient leurs con-

(1) « Rotuliger, brevetarius. » Cf. Molinier : Obituaires fran-
cais du moyen âge, p. 43.

(2) « Breve mortuorum, encyclica, brevia. »

doléances dans une formule de prières ou d'éloges, quelquefois dans des poésies, et à leur tour inscrivaient leurs morts, sous le titre (titulus) qui était réservé à chacune d'elles, ou à la suite. Mais le plus souvent, comme toutes les étapes du voyage étaient fixées, le titre de chaque abbaye était inscrit à l'avance, et si, pour une raison quelconque, une abbaye n'était pas visitée, la place destinée à l'inscription de ses morts restait en blanc. Il s'était ainsi établi, avec une ingéniosité remarquable et une piété vraiment touchante, une constante union de prières pour les morts.

En même temps qu'aux abbayes, on présentait le rouleau aux personnages importants, tels que les rois et les reines, aux magistrats des grandes villes, aux bienfaiteurs, aux amis personnels du défunt. Le rouleau de Mathilde, abbesse de la Sainte-Trinité de Caen, fille de Guillaume le Conquérant, a 253 titres; celui de saint Vital, abbé de Savigny, au diocèse d'Avranches, en a 208; Raoul, moine de Saint-Germain-des-Prés, avait, par testament, demandé un rouleau personnel à présenter dans 53 églises de Normandie (entre autres : Sainte-Marie du Bec-Hellouin), de France et de Bourgogne.

Or, sur les 100 rouleaux qui nous restent depuis le XIᵉ jusqu'au XVᵉ siècle (1), le nom du Bienheu-

(1) Voir Rouleaux des Morts, par Léopold Delisle, passim.

reux Lanfranc revient deux fois, ce qui est une forte
proportion.

Il est d'abord cité dans le rouleau de Mathilde. Ce
rouleau est parti de Saint-Étienne de Caen; immédiatement après l'éloge de la défunte, l'abbaye recommande ses morts les plus illustres (1) : Guillaume le Conquérant, Guillaume Le Roux, Richard,
Lanfranc, et Guillaume (archevêque de Rouen). Or,
Mathilde est morte le 6 juillet 1113. Il est facile d'en
conjecturer que trente ans après sa mort, le souvenir de Lanfranc, dont le nom est cité après la Maison de Normandie et d'Angleterre, est encore très
vivant.

Son nom est mentionné dans le rouleau de saint
Vital, mort en 1122. Ce sont encore les moines de
Saint-Étienne qui l'ont inscrit; ils avaient été les
premiers visités sur la route du porteur : « Priez
pour les nôtres, pour le roi Guillaume, pour Lanfranc et Guillaume, archevêques (2). »

Le rouleau de saint Vital ne renferme pas, même
en blanc, le titre de l'abbaye du Bec. Nous ne
voyons, de ce fait, aucune raison satisfaisante, car il
n'est pas possible d'admettre l'hypothèse de plusieurs rouleaux et de plusieurs moines porteurs,

(1) « Willelmo regi anglorum, altero *(sic)* regi Willelmo, filio
ejus et Ricardo, Lanfranco et Willelmo archiepiscopis. »

(2) « Orate pro nostris, pro Willelmo rege (sans doute le Conquérant), pro Lanfranco et Willelmo archiepiscopis. »

attendu que ce rouleau a été présenté à toutes les
abbayes qui avoisinent, de quelque côté que l'on
vienne, l'abbaye du Bec. Mais le rouleau de Mathilde
y était parvenu, après 67 visites dans d'autres monastères (titulus 68). Le Bec a inscrit Herluin et
Anselme, et ne mentionne pas Lanfranc, soit parce
qu'il avait été déjà inscrit à Caen, soit que l'on ait
voulu mentionner seulement des abbés du monastère. Particularité très curieuse : nous avons un
rouleau de l'abbaye de Jumièges qui certainement
dut être présenté au Bec : le titre est écrit, mais la
place réservée est restée en blanc. Faudrait-il admettre, mais nous ne pouvons y croire, que l'abbaye
du Bec ait apporté quelque négligence à cette pratique pieuse ? Ou se contentait-elle de recevoir les
noms des défunts, envoyant elle-même, pour ses
morts, des rouleaux chaque année ? Aucun de ces
rouleaux ne nous est parvenu.

Enfin un rouleau personnel à Lanfranc, et parti
du Bec, semble avoir circulé. Malheureusement
il est perdu, et le texte qui en permet la supposition est très vague. C'est sur ce rouleau que saint
Anselme aurait écrit la pièce de vers hexamètres
dont nous avons parlé au chapitre IIIᵉ (1). Mais ce
n'était peut-être qu'un obituaire à l'usage même de

(1) Ord. Vit. : Hist. eccl., VIII : « Compatriotæ sui memo-
riam heroïco carmine volumini lacrimabiliter indidit. »

l'abbaye, et du genre de celui que signale Dom Bernard de Montfaucon dans sa bibliothèque des manuscrits.

D'ailleurs, un grand nombre de versificateurs s'essayèrent à célébrer le nom de Lanfranc, principalement sous la forme d'épitaphes, selon l'habitude de l'époque. Il est à remarquer que ni les uns ni les autres ne se plaisent à insister sur l'éclat de son rôle politique, mais sur ses vertus et sur la perfection de sa vie monastique. Faut-il s'en étonner? La meilleure part de l'homme, ce sont ses œuvres de charité, surtout quand il peut mettre, comme Lanfranc, son nom dans les fondations de tant d'églises, d'abbayes et d'hospices. Du reste, l'action du conseiller politique de Guillaume le Conquérant avait été aussi peu bruyante qu'elle avait été efficace, et avait pu échapper à ces humbles moines-poètes qui alignent leurs hexamètres au fond des bibliothèques dont ils ne sortent guère. Il n'est enfin nullement prouvé que ce rôle politique leur ait paru aussi grand et aussi fécond qu'il le parait à nous-mêmes. On discuta longtemps de la légitimité de la conquête, et certes il y avait des raisons. Les monastères du continent reçurent une foule de moines saxons expulsés d'Angleterre, sous les prétextes les plus variés, et qui ne pouvaient présenter, sous un aspect favorable, les événements et les hommes d'outre-mer.

Si jamais le Bienheureux Lanfranc ambitionna

l'éloge, ce ne put être que de la charité et de la discipline monastique. Mais, spontanément, tous les monastères lui en décernaient un autre : celui de sa science et de sa direction spirituelle. Sans cesse on recopiait ses ouvrages devenus classiques, on les faisait connaître aux extrémités de la France. Spectacle vraiment touchant : de grands événements avaient traversé la vie de cet homme, il avait été associé à l'une des plus prodigieuses entreprises de l'Histoire, il avait dirigé des rois, mais toujours, dans le fond de son âme, il était resté moine ; et maintenant qu'il est mort, ses frères Bénédictins, comme s'ils avaient pénétré tout le secret de cette âme monastique, ne louent guère en lui que le moine et le savant. C'est ainsi, comme le dit Yves de Chartres, le disciple de Lanfranc (1), que « Dieu marque chaque homme, au début de sa vie, d'un signe de vocation qui ne s'efface plus ». Le Bienheureux Lanfranc était un moine, avec tout ce que ce mot comporte, à cette époque, de vertus, de talents d'administration, de maîtrise de soi-même, et c'est parce que la vie monastique était une grande créatrice d'hommes, que Lanfranc s'est trouvé tout préparé, comme tant d'autres, au rôle supérieur que la Providence lui réservait dans l'Histoire.

(1) Serm. IV, 7.

CHAPITRE XI.

LE BIENHEUREUX LANFRANC ET SON TEMPS

—

SOMMAIRE. — L'autorité d'un Père de l'Église est reconnue à Lanfranc, en matière de théologie et de droit canonique. — Il est un des ancêtres immédiats de la Scolastique. — Rare justesse de ses vues sur la hiérarchie de l'Église. — Dans quelle mesure l'on peut dire qu'il fut un évêque civilisateur. — Heureux équilibre de toutes ses facultés. — Il est la personnification de son temps.

Avant de terminer cet ouvrage, nous voudrions étudier quelle fut la place de Lanfranc dans son temps et dans l'Europe. Nous aurions pu le faire plus tôt, mais il nous a paru préférable de grouper d'abord tous les traits de cette grande figure, car, maintenant que nous la connaissons bien, que nous l'avons fixée et mesurée en détails, nous pouvons plus justement la comparer, sans être tenté de lui donner, pour le besoin de la thèse, de plus grandes proportions, et de l'apprécier selon le plaisir que nous avons eu à l'évoquer peu à peu devant nous.

Nos lecteurs ont vu qu'il y avait dans le Bienheureux Lanfranc un théologien, un civilisateur et un homme politique. Nous avons dit franchement,

et nous aurions pu nous approprier les paroles
de B. Harréau, qu'aucun ouvrage de lui ne nous
permettait de le considérer comme un grand philosophe, mais que nous n'avions pas même tous ses
ouvrages, et que nous avions perdu son enseignement oral. Dans les grandes bibliothèques, nous
n'avons pas trouvé le manuscrit de quelque ouvrage
inconnu, et nous l'avions cependant assez espéré,
pour que cet espoir ait soutenu d'ingrates recherches. Comme on s'assure de la doctrine de Socrate
dans les « Mémorables » de Xénophon et dans les
« Dialogues » de Platon, nous aurions pu, toutes
proportions gardées, céder au plaisir systématique
et paradoxal de retrouver la doctrine de Lanfranc
dans les œuvres d'un Yves de Chartres et d'un saint
Anselme. Si nous ne l'avons pas fait, ce n'est pas à
dire que nous approuvions Harréau, ordinairement
plus exact et plus impartial, de taire le nom de
Lanfranc, ou plutôt de ne lui consacrer que deux
pages, incidemment, à propos de l'hérésie de Bérenger (1).

Après les calamités et les horreurs du Xe siècle,
qui aboutirent aux épouvantes de l'an 1000, une des
premières préoccupations de l'esprit humain fut de

(1) B. Harréau : Philosophes scolastiques, 4 vol. Paris, 1880,
T. I. Ce dédain s'explique. Harréau est nominaliste, trop souvent partial.

se reconstituer une méthode d'investigation et de pensée. Cette méthode fut la scolastique, c'est-à-dire, exactement, la dialectique, le raisonnement, s'exerçant sur le petit nombre de textes consacrés que l'on possédait alors. Dans quelle mesure était-il légitime de prétendre que d'un texte précis l'on pouvait tirer un premier argument, de cet argument, un autre, et ainsi de suite : c'est-à-dire dans quelle mesure le syllogisme est-il une méthode d'investigation, nous n'avons pas à le rechercher ici. Il est bien évident qu'au fur et à mesure que les arguments s'éloignent de leur point de départ, ils s'affaiblissent, jusqu'au néant, et que la logique a ses artifices et ses subtilités à la faveur desquels l'argumentation la mieux ordonnée dévie insensiblement. Tout de même que dans l'histoire, à côté des faits précis et positifs, il y a les « impondérables », il y a des vérités qu'on ne peut résoudre en sorites. Mais il est tout aussi évident que le nombre des auteurs philosophiques connus étant, au XI⁰ siècle, très restreint, la méthode scolastique était la seule qui permit de tirer d'un texte tout ce qu'il renfermait, et, si je puis ainsi dire, de le presser jusqu'au dernier suc.

Nous estimons que cette méthode est l'effort le plus prodigieux qu'ait jamais fait l'esprit humain, à mesurer cet effort en coefficients d'énergie; à le mesurer en résultats, il suffira, je pense, de rappeler qu'il a abouti aux œuvres de saint Thomas d'Aquin. Lorsque, par le progrès des études, par les voyages, par les relations internationales, un plus grand nombre d'œuvres furent connues, cette méthode dut être forcément remplacée par celle de l'expérience et de l'analyse. Il est aussi sot d'opposer la méthode de Bacon à celle de saint Thomas, qu'il serait sot de vouloir composer un traité de chimie avec des sorites.

La méthode scolastique, Lanfranc ne la créa point; dans l'orthodoxie, il représente ce que Roscelin et Bérenger représentaient dans l'hérésie. La méthode n'était exclusive à personne; elle était, pour ces générations, la forme même de la pensée. On peut dire cependant qu'il porta ses soins à s'assurer pour point de départ : un texte très exact, et nous avons vu quel intérêt il attachait à la collation et à la correction des manuscrits; un texte entendu dans le sens vrai, et non pas dans le sens accomodatice, et cette préoccupation est manifeste dans son « Traité de l'Eucharistie ». C'était déjà beaucoup de s'assurer de principes incontestables; c'était du moins une garantie contre les plus graves possibilités d'erreur. Ses écrits, sans avoir rien de très élevé, offrent une science robuste et de bon aloi, une critique de texte qui fait souvenir du jurisconsulte de Pavie et de Bologne, une érudition complète pour l'époque. Son « Traité de l'Eucharistie »

est la somme de la pure doctrine catholique. C'est
ce qui explique que les contemporains l'aient traité
en Père de l'Église, et que les générations postérieures l'aient cité à côté de saint Ambroise, de
saint Augustin et de saint Jérôme (1); que saint Anselme et un concile d'évêques et d'abbés réunis à
Rochester, sur le point de savoir si Édith, nièce du
roi saxon Edgard, fille de Malcolm et de Marguerite
d'Écosse, pouvait épouser, malgré les vœux de religion, Henri Ier d'Angleterre, se soient appuyés,
comme d'une autorité incontestée, du nom de
Lanfranc, pour répondre affirmativement (2). Il a
même plus de liberté et d'ampleur que Pierre Lombard, et si les circonstances lui en avaient laissé le
moyen, il nous semble probable que le célèbre
professeur du Bec nous aurait transmis un traité
complet de théologie, une « somme » classique.

Bien loin donc d'avoir le droit de réformer le
témoignage unanime des contemporains, nous
estimons qu'il y a de l'injustice à ne pas donner une
grande place, dans l'histoire de la scolastique, à un
homme qui a résumé, à lui tout seul, depuis l'Écriture Sainte jusqu'à l'architecture, la science de
trois ou quatre générations, et qui nous permet de
remonter plus facilement de Pierre Lombard, le
maître des sentences, à l'âge des Pères.

(1) Voir appendice II. manuscrit 694 (Bibliothèque mazarine).
(2) Ead. : Hist. nov., p. 56-58.

Principalement, dans la législation canonique, son autorité est immense. Depuis ce temps, le droit ecclésiastique a évolué : au lieu de se modeler sur la législation romaine, et d'en accepter les principes essentiels, il s'est peu à peu débarrassé de ces attaches, et aujourd'hui, n'était la confusion malheureuse de nos traités de droit canonique, si l'Église unifiait son droit complexe, et le divisait en titres et en articles, elle présenterait au monde étonné une législation personnelle, homogène, souple, commentée par une jurisprudence d'une incroyable richesse. Mais, à l'époque de Lanfranc, les lois de l'Église, au fur et à mesure que la nécessité les faisait naître, se plaçaient dans le cadre romain à peine remanié. Il en fut ainsi, croyons-nous, jusqu'au concile de Trente. Comprend-on dès lors quelle préparation apportait à cette œuvre l'homme qui, jusque vers quarante ans, avait eu la réputation d'un jurisconsulte ? Dans la hiérarchie ecclésiastique, nous avons vu avec quelle rigueur, il avait fait prévaloir le principe de l'autorité, poussant peut-être ses vues jusqu'au système, mais aidant à mieux comprendre une partie, et non la moins importante, de l'œuvre de Grégoire VII. Dans les troubles des invasions, dans les catastrophes qui suivirent le règne de Charlemagne, les évêchés s'étaient habitués à l'indépendance, dans ce sens que les chapitres élisant l'évêque, celui-ci n'avait, avec son métropolitain, d'autres rapports que l'échange des lettres pour obtenir de se faire sacrer; et même, dans quelques églises de Germanie, l'évêque se faisait sacrer par n'importe quel archevêque. Cette hiérarchie de l'évêque à l'archevêque, des archevêques au primat, dont nous n'avons plus guère l'idée dans l'Église de France, Lanfranc s'est appliqué tout entier à l'établir en Angleterre. Il y a réussi, le protestantisme anglican a recueilli cette partie de son œuvre; mais il n'y a réussi qu'en suscitant, tout au long de sa carrière, des jalousies et des accusations d'ambition qui l'ont chagriné.

On a certainement remarqué quelle place tiennent, dans ses écrits et son ministère, les constitutions pour les ordres monastiques, parce que c'est encore à un besoin du temps que répondaient ses constitutions. N'importe qui pouvait fonder un monastère et lui assigner la règle de saint Benoît (le grand ordre de cette époque), ou telle autre qui lui plaisait, sous la seule autorité de l'évêque. C'est ainsi que nous avons vu le Bienheureux Herluin fonder le monastère du Bec, qui plus tard fonde autour de lui des prieurés. Il en était résulté une très grande variété, sans doute, mais aussi de l'incohérence. Beaucoup de monastères interprétaient la règle bénédictine avec de notables différences; d'autres, isolés sous la règle de leur fondateur, ne pouvaient se recruter, et il suffisait cependant de

légers remaniements pour les associer à des monastères du voisinage. Ce que nous appelons aujour-
d'hui le « vœu de stabilité », imposé dans quelques
ordres, était inconnu : un religieux quittait aisément son monastère pour un autre où il devait
trouver un maître plus illustre, une règle plus conforme à son tempérament. C'est ce que firent
Eadmer et Orderic Vital. C'était contraire à l'esprit
de l'Église et funeste à la vie monastique. Aussi tous
les abbés, sauf quelques saxons, reconnurent spontanément la sagesse des desseins de Lanfranc; ils
réformèrent leurs monastères aves ses « constitutions », et, pendant plus d'un siècle, il fut admis que
ces constitutions étaient la règle des monastères
nouvellement fondés. On les appelait d'un nom ca-
ractéristique « Leges Lanfranci », les lois de Lanfranc. Tous les contemporains ont reconnu l'utilité
du rôle de Lanfranc, et la tradition en resta vivante.

Il est beaucoup plus difficile d'apprécier le rôle
de Lanfranc civilisateur. D'abord, l'Angleterre n'é-
tait pas, tant s'en faut, sous les rois saxons, un
pays barbare. De plus, la conquête s'opéra par les
violences et les expropriations, sans aucun souci,
au moins apparent, des idées civilisatrices. Enfin, le
type de l'évêque civilisateur s'est incarné pour nous
dans un saint Martin ou un saint Grégoire de Tours,
auxquels on ne pourrait, sans exagération, comparer l'archevêque de Canterbury. Cependant, Lan-

franc est bien de ces évêques à qui il fallait des époques de renouvellement social, et dont les noms sont dans les assises de l'Europe, comme des médailles scellées dans la première pierre des cathédrales : dans le chaos des invasions, et à côté de Clovis, saint Martin et saint Remi; dans les guerres entre la Neustrie et l'Austrasie, entre la royauté et l'aristocratie, saint Germain de Paris, saint Prétextat de Rouen, saint Grégoire de Tours, saint Éloi, saint Léger; aux côtés des Carolingiens, Agobard, Leidrade, Hincmar de Reims, Gozlin de Paris; soutiens et conseillers des Capétiens : Robert de Reims, Adalbéric de Laon, Josselin de Soissons; chez les Normands, Maurille de Rouen, Jean d'Avranches, Hugues de Bayeux.

Les conditions varient, mais les efforts et les rôles sont toujours les mêmes. On aura beau fouiller les cartulaires, on ne fera pas que l'histoire des peuples, du Ve au XVe siècle, ne s'enracine pas dans l'histoire de l'Église; on ne fera pas qu'il soit possible d'écrire l'histoire de la papauté, sans écrire l'histoire de la France, de l'Espagne, de l'Allemagne, de toute l'Europe. En écrivant la vie de Lanfranc, nous avons pensé bien souvent au protestantisme, puisque c'est un archevêque anglican qui a recueilli cette succession. Il serait certes puéril de nier l'influence du protestantisme sur la société moderne, et que la doctrine du libre examen favorisait précisément.

chez les races saxonnes, cet esprit d'initiative, souvent aventureuse, que l'on se plaît à opposer au respect des traditions, chez les races latines. Mais peut-être pourrait-on dire que le protestantisme, dans ses formes multiples, n'est que concomitant à l'action sociale, qu'il est un résultat, mettons, si l'on veut, une manifestation, et qu'il suit plus souvent ou accompagne le progrès, qu'il ne le précède. Mais l'Église offre, à chaque siècle, une doctrine homogène et constante, dans laquelle, un jour ou l'autre, viennent s'absorber les éléments définitifs du progrès. C'est ainsi que l'Église a absorbé successivement la force centralisatrice des Césars, la vigueur intempérante des barbares; le platonisme, l'aristotélisme, et l'averrhoïsme; l'art pictural et sculptural de la Renaissance, l'humanisme, le sentimentalisme, et le philosophisme du XVIIIᵉ siècle; elle a absorbé la grande Révolution; les peuples du Nord et ceux du Midi; l'idéalisme et le positivisme; la guerre et la paix; elle absorbe tout, elle absorbe toujours; elle absorbera notre science, notre sociologie, et notre philosophie.

Aussi le type de l'évêque civilisateur n'est-il point exclusif; et au contraire, que de variétés il comporte depuis saint Martin de Tours jusqu'au cardinal Lavigerie! Du temps du Bienheureux Lanfranc, il ne s'agissait plus de fonder des nationalités en rapprochant des éléments barbares; il s'agissait de faire prévaloir, dans toutes les nations, des principes de droit public, c'est-à-dire de faire accepter par chacune d'elles, dans l'ordre temporel et dans l'ordre spirituel, certains principes communs autour desquels chacune ordonnerait sa vie propre, et qui seraient la base de la civilisation future. Il s'agissait de créer, pour les âmes des barbares venus de toutes les parties du monde, des points de rencontre, et, après avoir fait des nations, de faire une Europe.

L'Église seule pouvait y réussir, car elle possédait seule une doctrine universelle, et tous savent que Charlemagne ne tenta de réaliser cette œuvre que par le concours immédiat de l'Église. Un homme comme Lanfranc qui, riche des trésors du droit latin et de toutes les sciences connues, quittait une patrie où les honneurs l'attendaient, pour porter en France, en Angleterre, pour faire passer jusqu'en Irlande et en Écosse, ces trésors qu'on n'y soupçonnait point, n'obéissait-il pas à une vraie vocation de missionnaire? Dans cette œuvre, qui ne pouvait être ni d'un seul siècle, ni d'un seul homme, son rôle peut se définir très exactement. Il a contribué à amener les pays saxons du Nord, incontestablement arriérés et relégués en dehors de l'Europe, au point de civilisation où déjà se trouvaient l'Espagne et l'Italie, la France et l'Allemagne occidentale. De grands saints l'avaient précédé sur le siège

de Canterbury, notamment saint Elnof (1020-1038).
qui avait été le conseiller du roi Knut, mais aucun
n'avait eu sur la civilisation des idées générales, et
n'avait eu l'ambition de mêler les Anglo-Saxons au
mouvement de l'Europe.

Dans le même temps, des hommes illustres s'employaient de tous côtés à cette œuvre d'unification.
Leur nombre, leurs sciences et leurs vertus indi-
quent assez combien le XIe siècle, s'il ne fut pas,
comme le XIIIe, un siècle de résultats glorieux, fut
cependant fécond et laborieux. Saint Odilon, abbé
de Cluny, correspondait avec Hugues Capet, avec
les empereurs Henri et Conrad, avec le roi de Polo-
gne, Casimir. Saint Gualbert fondait la congrégation de la Vallombreuse; saint Robert, celle de la
Chaise-Dieu; un autre saint Robert fondait l'ordre
de Cîteaux; saint Étienne, l'ordre de Grantmont;
saint Bruno fondait la Chartreuse et retournait en
Italie pour être le conseiller habituel du pape
Urbain II.

On ne peut pas dire que le Bienheureux Lanfranc
devance son temps et qu'il soit un précurseur;
mais il le représente adéquatement, dans sa com-
plexité troublante, à l'historien. Aussi est-il peu de
vies, même parmi de plus retentissantes, dont tous
les efforts aient aussi complètement trouvé leur
emploi.

Intelligence largement accessible à toutes les questions de son siècle, depuis la théologie jusqu'à la construction d'un monastère; esprit modéré, sens pratique et ferme qui n'abandonne rien aux spéculations oiseuses, qui se fixe de bonne heure un but précis, qui assure, jusque dans les moindres détails, l'exécution de ses projets, et n'aspire qu'à ce qu'il peut obtenir; volonté dominatrice qui, sans violence, mais par la persistance dans les desseins, s'impose à des papes, à un conquérant, à des princes; connaissance exacte des besoins matériels et moraux de son époque, éclairée d'un dévouement sans attendrissement sentimental, mais aussi sans découragement; grande facilité de travail qui s'applique aux objets les plus divers, à une levée de troupes ou au règlement de l'office des Nocturnes, et qui lui permet de décider le même jour de la hiérarchie des églises d'Irlande, et de la disposition du réfectoire et de la bibliothèque, au monastère de Saint-Alban; par dessus ces qualités solides de l'administrateur : la piété, la foi, le désintéressement, la mortification, l'amour de la règle : si ce type de saint et d'homme d'État n'est pas unique, ce n'est pas pour diminuer la gloire du Bienheureux Lanfranc; c'est au contraire pour nous faire admirer l'étonnante vitalité de l'Église, pour laquelle de tels hommes, si complets, si bien équilibrés, ne sont pas l'exception.

Nous ne croyons pas que, dans tout le XI⁰ siècle,

il soit un autre homme dont l'histoire représente aussi complètement l'histoire de l'époque, avec ses qualités, et aussi le labeur confus dépensé à débrouiller tant d'éléments contradictoires de deux âges, dont l'un finit, dont l'autre commence. Nous n'excepterons pas même Grégoire VII, à cause de ses vues systématiques, et parce que, à tout prendre, il mène son temps plutôt qu'il ne le représente. Nous ne voudrions pas laisser croire à notre lecteur que nous tendons à grandir démesurément le rôle du Bienheureux Lanfranc, mais s'il n'est pas téméraire de donner le nom de génies aux hommes qui se placent en tête d'un siècle, simplement parce qu'ils le personnifient avec éclat, le lecteur dira avec nous que l'illustre moine du Bec fut un génie providentiel.

APPENDICES

Les appendices qui suivent n'ont pas seulement pour but la bibliographie. Ils sont intéressants à consulter, car, mieux que de longs développements, ils permettent de constater quelle fut l'autorité de Lanfranc dans les questions de théologie, d'ascétisme et de discipline.

C'est ainsi que son « Traité de la sainte Eucharistie » est reproduit douze fois : preuve certaine que ce livre était considéré comme définitif et classique; son « Commentaire des lettres de saint Paul » est reproduit trois fois; celles de ses lettres qui étaient des réponses théologiques et de discipline ecclésiastique, les monastères se les passent de main en main, et en appliquent la doctrine à des cas analogues.

Au cours de cette histoire, nous avons cité les ouvrages de Lanfranc, au fur et à mesure que nous avions à nous en servir. Nous en donnerons ici la nomenclature :

1. *De Corpore et Sanguine Domini contra Berengarium.*
2. *Commentarius in Epistolas Pauli.*

3. *De Confessione celanda.*

4. *Annotatiunculæ in nonnullas Joannis Cassiani collationes Patrum.*

5. *Decreta pro Ordine sancti Benedicti.*

6. Fragment d'un *Discours prononcé au Concile de Londres.*

7. *Sententiæ* (Conseils aux moines sur la vie religieuse).

8. *Lettres* (Le petit nombre seulement de la collection est de Lanfranc).

9. (Authenticité douteuse.) *Elucidarius.* C'est une « somme » très brève de la doctrine catholique. On y retrouve le style et la netteté de la phrase de Lanfranc. Mais quelques manuscrits le donnent sans nom d'auteur, d'autres l'attribuent à saint Anselme.

10. (Authenticité douteuse.) *De diversis casibus et periculosis in missa contingentibus.* Un seul manuscrit (d'Oxford) attribue cet ouvrage à Lanfranc.

11. (Ouvrage perdu.) *Commentaire sur les Psaumes.*

12. (Ouvrage perdu.) *Épitres décrétales.*

13. (Ouvrage perdu.) *Histoire ecclésiastique.*

14. (Ouvrage perdu.) *Vita Gulielmi Conquistoris.*

APPENDICE I.

Manuscrits provenant de l'abbaye du Bec et que possède la Bibliothèque nationale. (Fonds latin.)

Ils sont au nombre de 12 (non compris le n⁰ 9211, qui est une collection de Chartes du XIIᵉ au XIVᵉ siècle).

1. — N° 1105. Missel du XIVᵉ siècle.

2. — N° 1208. Il renferme :

1° Un Calendrier-obituaire, avec les noms des Fêtes des Saints, les signes du Zodiaque ;

2° Le Livre des vertus et des vices (« de virtutibus et vitiis ») du prêtre Alcuin ;

3° Quelques règles et préceptes d'ascétisme ;

4° L'Astrologie d'Aristote, traduite en latin sur l'arabe. — Ce manuscrit est du XIVᵉ ou de la fin du XIIIᵉ siècle. La traduction de l'Astrologie est de l'écriture de la fin du XIVᵉ, et sur un vélin plus fin.

3. — N° 2342, du XIIᵉ siècle. Il renferme :

1° Les Leçons du vénérable Bède sur le Pentateuque;

2° Des Traits (Tractatus) d'un moine inconnu, sur ces versets de l'Évangile : « Missus est angelus Gabriel » ; — « Exiit edictum a Cæsare » ;

3° Une Homélie du même (?) moine sur ce texte : « Intravit Jesus in quoddam castellum » ;

4° Une Lettre du roi de l'Inde Jean à l'empe-

reur de Constantinople Manuel, traduite en
latin ;

5° Un Traité de « Libertale Beccensis monasterii ».

4. — N° 12211 (XIIe siècle) renferme un Traité « de
Pastoribus » et quelques autres peu importants.

5. — N° 12230 (XIIe siècle) renferme des Extraits de
saint Jérôme, de saint Bernard et de saint Au-
gustin.

6. — N° 12605 (XIIe siècle) renferme 41 vies de
saints.

7. — N° 13092. Il se compose de deux portions :
l'une, qui est du XVe siècle, renferme un Traité
de piété, quelques fragments d'histoire ; l'autre,
qui est des XIe, XIIe et XIIIe siècles : un fragment de missel (XIe), un fragment d'un traité
de liturgie (XIIe), des recettes de médecine
empirique (XIIIe), des leçons de saint Benoît
(XIIe).

8. — N° 13217 (XIIe siècle). Exposition de Bérenger
sur l'Apocalypse et Traité de Lanfranc : du Corps
et du Sang du Christ.

9. — N° 13593 (XIIe siècle). Traité du « Reclinato-
rium animæ ».

10. — N° 13774 (XIIe et XIIIe siècles). Quatre vies de
saints, les Épîtres de Sidoine et de Pierre de
Blois, etc.

11. — N° 14146. Extraits de Quintilien ; extraits de
Martianus Capella ; lettres des papes relatives

aux privilèges de l'abbaye du Bec (XIIIe siècle).

12. — No 16713. Lettres de Hugues, archevêque de
Rouen; lettre de Boson, 4e abbé du Bec, au mé-
decin Goislin ; lettres et sermons d'Yves de
Chartres (XIVe siècle).

Les numéros 12211, 12230, 12605, proviennent directement de l'abbaye de Saint-Germain-des-Prés : l'abbaye du Bec les lui avait cédés, ainsi que plusieurs
autres, en échange de volumes imprimés. D'autre
part, les manuscrits étaient très précieux à l'abbaye de
Saint-Germain, à cause des grands travaux de compi-
lation et d'histoire qui ont fait la gloire de ce monastère.

Ajoutons qu'à Leyde se trouve un manuscrit du Bec
(fin du XIIe ou commencement du XIIIe siècle). C'est
la révision de l'histoire de Guillaume de Jumièges, par
Robert de Torigny. Il a été décrit par M. Léopold Delisle dans ses « Mélanges de Bibliographie et de Paléo-
graphie ».

Quelques-uns des volumes imprimés reçus de Saint-
Germain-des-Prés, ont été, en 1792, transportés du
Bec à la bibliothèque de Bernay.

APPENDICE II.

Manuscrits latins provenant du Bec, et manuscrits de quelques œuvres de Lanfranc, possédés par les bibliothèques de l'Arsenal et Mazarine.

A L'ARSENAL :

1. — N° 391. Sur parchemin, des parties du commencement du XIIe siècle, d'autres de la fin.

On y trouve, au milieu d'autres pièces, une réponse de Lanfranc sur le secret de la confession, et une lettre du même. Le nom est orthographié La*m*francus.

2. — N° 539. Parchemin, XVe siècle, avec des parties du XIIe. On y trouve une réponse de Lanfranc à un moine qui veut quitter le cloître. « Sentencia *(sic)* Lanfranci episcopi ad Symonem monachum : Indicatum est michi » *(sic)* (etc.).

3. — N° 269. Parchemin, XIIIe siècle. Sermons de saint Bernard sur le Cantique des Cantiques ; extraits de saint Anselme ; deux articles (latin, français) sur les vices, sur les vertus des Juifs, Perses, Égyptiens, Grecs, Sarrasins, Lombards, Gaulois, Huns, Saxons, Poitevins, Gascons, Écossais, Espagnols, Bretons.

Il n'est pas douteux que nous n'ayions des manuscrits du Bec plus nombreux, qui avaient été donnés à d'autres abbayes ou échangés, et qui nous sont ainsi parvenus par ces dernières, abbayes de Feuillants, de Carmes déchaussés, etc.

4. — N° 694. Parchemin du XIIIe siècle (provenance directe des Grands-Augustins). On y trouve « Summa de Libro Sententiarum » (de Pierre Lombard). Lanfranc est cité comme autorité au milieu d'Isidore, Cyrille d'Alexandrie, saint Augustin, saint Grégoire, saint Jérôme, saint Léon, saint Ambroise.

APPENDICE III.

Manuscrits de quelques œuvres de Lanfranc, ou pièces manuscrites sur l'histoire du Bec, que possèdent les bibliothèques Nationale, Sainte-Geneviève et des Archives.

N.-B. — A la différence de ceux indiqués dans les deux précédents appendices, ces manuscrits n'ont pas appartenu à l'abbaye du Bec.

BIBLIOTHÈQUE NATIONALE

(Fonds latin) 12884 (1). Chronicon beccense ornatum et illustratum (XVIIe).

— 14194. Épitaphes de l'abbaye du Bec, avec des fragments de missel (du XIIe au XVIIe).

— 11813. Plusieurs Poullés, et entre autres un fragment de Pouillé de l'abbaye du Bec.

— 13905. Diverses pièces recueillies par D. Jouvelin. XVIIe.

— 10055. Diverses pièces recueillies par Bigot. XVIIe.

(1) A la fin de ce manuscrit, représentation au lavis d'un moine du Bec agenouillé devant un crucifix. Robe et cagoule blanches, une bande noire fait le tour du cou, et, se croisant sur la poitrine, descend au-dessous de la ceinture.

(Fonds latin) 10065 et 1081. Diverses pièces recueillies par Léchaudé d'Anisy (XVIIe).

— 11820. Gravure du Bec en 1677, dans le « Monasticon Gallicanum » de D. Saint-Germain.

— 12777 fait partie du Recueil de Dom Estiennot sur les abbayes de France.

— 18065. Lanfrancus contra Berengarium (XIIe).

— 10401. Un fragment d'Horace, et (« Inventio Lafranni *(sic)*=invectio Lanfranci ») in Berengarium (XIIIe).

— 17289. Liber de Corpore et Sanguine (XIIe).

— 16460. Conseils de Lanfranc à Arnoul, avec le Traité d'Alcuin des vertus et des vices (XIIe).

— 13412. Epistolæ Lanfranci (XVIIe).

— 13575. Lettres de Lanfranc et saint Anselme (XIIIe).

— 12116. De Confessione celanda (XVIIe).

— 11688. Comment. sur saint Paul (XVIIe).

— 12267. Id. id., plus un Commentaire de saint Isidore sur l'Ancien Testament (XIIe).

Les numéros 11688, 11813, 11820, 12116, 12267, 12777, 12884, 13412, 13575, 13905, et 14194 viennent de l'abbaye de Saint-Germain-des-Prés.

BIBLIOTHÈQUE SAINTE-GENEVIÈVE

(Fonds latin) 1369. Du XIIe au XIIIe, des Extraits de quelques Pères, et cinq feuillets (27 à 32) de Lanfranc sur les Sacrements.

— 1443. Incipiunt Capitula « Elucidarii » Lanfranci. Cet écrit tient 20 feuillets du volume qui en a, en tout, 29. Le reste est occupé par quelques traités d'auteurs différents (XIIIe). (Cet ouvrage, l' « Elucidarius », est contesté par quelques-uns, sans raison).

AUX ARCHIVES

— Ms. français (XVIIIe). Abrégé de ce qui s'est passé de plus mémorable dans l'abbaïe du Bec depuis l'establissement de notre congrégation (saint Maur) dans ce monastère (XVIIIe).

APPENDICE IV.

Manuscrits divers concernant l'histoire du Bec ou l'histoire de Lanfranc et que possèdent les bibliothèques étrangères et des départements français (1).

1. *Museum British.* — 1 blazon of the arms of the archbishops of Canterbury, de 1070 à1737. (C'est une addition du XVIIIe siècle à un manuscrit du XVIIe qui renferme les armoiries de nombreuses familles d'Angleterre). N° 675.

2. Dans un manuscrit (parchemin, XIVe, Burn, 286) du « Monologue » de saint Anselme, se trouve la lettre par laquelle il adresse cet ouvrage à Lanfranc et le soumet à ses corrections.

Biblioth. Harléienne. — 1. Traité « de Corpore et Sanguine », dans le manuscrit 3061 (XIe).

2. Lettres de Lanfranc (XIIIe), et à la fin du manuscrit : une figure de moine écrivant dans le « Scriptorium ». N° DCCCCLXIV.

(1) En appendice au tome 1 de son Histoire de l'abbaye du Bec, M. le chanoine Porée a transcrit un manuscrit du Vatican (n° 499 du fonds de la Reine de Suède). C'est la liste des moines du Bec, de la fondation à 1468. Lanfranc occupe le 35e rang, mais les quarante premiers moines ne sont pas inscrits dans l'ordre de leur arrivée au Bec.

Collection Landsdowne. — Lettres de Lanfranc (publiées par d'Achery). dans une collection moderne.

Biblioth. Cottonienne. — 1. Donation de terre et dîmes par Guillaume le Conquérant à Lanfranc (Jul., C. II. 66 B).

2. Lettre ascétique de Lanfranc (Cl., C. VI, 168)

3. Conciles où assistèrent Lanfranc et Thomas d'York, XIIe (Dom., V, 14).

4. Éloge de la charité de Lanfranc (Cl., C. VI, 168, même volume que la lettre ascétique).

5. Lettres diverses, publiées par d'Achery. (Ner., A. VII, I.)

6. Lettre de Lanfranc à Donat, évêque d'Irlande, et deux autres lettres (Vesp., E. IV, 204).

7. Lettres de Lanfranc et d'Alexandre II, publiées par d'Achery (Cleop., E. I, 48 B).

8. Épitaphe (XIIe siècle). (Ner., A. VII, 40.)

II. *Biblioth. d'Oxford.* — 1. Dialogus Lanfranci et Berengarii. (Parchemin XVe s. Aen. nas., XI.)

2. Traité « de Sacramento Eucharistiæ » et fragment d'un sermon. (XVe s. Aen. nas., XII.)

3. « De diversis casibus et periculosis in missa contingentibus », (authenticité [improbable), mais mis sous le nom de Lanfranc. (Coll. Corp. Chr. CLV, XVe siècle.)

4. Traité de l'Eucharistie. XIIe siècle, parchemin. (Trin. LI.)

III. *Bibliothèque impériale de Berlin.* — 1. N° 48. Die Briefe Pauli Glossen. Commentaire des Épîtres de saint Paul, de Lanfranc. XIIIe siècle.

2. N° 58. Traité de Lanfranc « de Corpore et Sanguine Domini ».

IV. *Bibliothèque royale de Belgique.* — 1. N° 4400. Lettres de Lanfranc et de Bérenger. XIIe ou XIIIe siècle.

2. N° 5598. Dialogue de Lanfranc et de Bérenger sur l'Eucharistie (XIIIe siècle ?).

3. N° 10810. Traité de « Corpore et Sanguine » (XIe siècle).

V. *Bibliothèque de Rouen.* — 1. N° 538. Les deux traités sur la Sainte-Eucharistie, de Guitmond, cardinal d'Aversa, et de Lanfranc (XIIe siècle).

2. N° 115. (XIIe siècle.) Soixante lettres de Lanfranc.

3. N° 1231. (XVIIIe siècle.) État des Livres et Objets d'art de l'abbaye du Bec en 1791 (3 feuillets).

VI. *Bibliothèque d'Évreux.* — 1. N° 58. Coutumier de l'abbaye du Bec (provenance directe du Bec, très intéressant pour les « fermes et rentes » de l'abbaye, papier, XVIe siècle).

2. N° 105. Catalogue des livres imprimés de la bibliothèque du Bec en 1693. (Papier, XVIIe siècle.)

VII. *Bibliothèque de Saint-Omer.* — Dans le n° 115 (in-fol., parchem., XIIe), on trouve une petite pièce de vers sur les Six Degrés de perfection de la Chasteté. Rien ne per-

mettrait de l'attribuer à Lanfranc, si on ne
lisait en marge (en gothiques du XIIIe) :
« Lamfrandus ».

VIII. *Bibliothèque d'Arras.* — N° 744. (Petit in-4°,
parchemin, XIe siècle ?) Traité « de Corpore
et Sanguine Domini » de Lanfranc.

IX. *Bibliothèque de Dijon.* — N° 182. (Parchem.,
XIIe siècle.) Une lettre de saint Anselme à
Lanfranc.

X. *Bibliothèque d'Avranches.* — N° 159. Dans un
livre de chroniques : « Tituli Librorum Beccensis armarii » (XIIe siècle.)

TABLE DES MATIÈRES

Naissance de Lanfranc à Pavie; sa famille; ses études à Pavie et à Bologne; il professe le Droit à Bologne. — Bruit que font les Normands dans le monde. — Lanfranc quitte l'Italie, s'arrête à Paris, fonde une école à Avranches. — Comment se décide sa vocation.

Grand nombre des abbayes en terre normande. — Herluin fonde l'abbaye du Bec. — Pauvreté et dénûment. — Lanfranc fonde une école qui attire de nombreux élèves. — Après Lanfranc et saint Anselme, les moines se font agriculteurs. — Revenus et constructions de l'abbaye. — Les abbés commendataires. — Désastres de la guerre de Cent-Ans et des guerres de Religion. — Comment ces grandes institutions monacales ont dû nécessairement se transformer.

toutes ses facultés. — Il est la personnification de son temps.

Nomenclature des ouvrages de Lanfranc (y compris ceux d'authenticité douteuse, et ceux qui sont perdus). — Bibliographie des manuscrits relatifs à l'abbaye du Bec et au Bienheureux Lanfranc.

—•○•—

Caen. — Impr. H. Delesques, rue Froide, 2 et 4.